写作训练课

张凯 著

轻松写出好文章

中信出版集团 | 北京

图书在版编目（CIP）数据

写作训练课：轻松写出好文章 / 张凯著 . -- 北京：中信出版社，2021.3

ISBN 978-7-5217-2532-2

Ⅰ . ①写… Ⅱ . ①张… Ⅲ . ①汉语—写作 Ⅳ . ① H15

中国版本图书馆 CIP 数据核字（2020）第 243609 号

写作训练课：轻松写出好文章

著　　者：张凯
出版发行：中信出版集团股份有限公司
（北京市朝阳区惠新东街甲4号富盛大厦2座　邮编　100029）
承 印 者：北京楠萍印刷有限公司

开　　本：880mm × 1230mm　1/32　　印　　张：8　　字　　数：160千字
版　　次：2021年3月第1版　　印　　次：2021年3月第1次印刷
书　　号：ISBN 978-7-5217-2532-2
定　　价：58.00元

序言　写作者的三张牌

对于写作来说什么最重要？当然是开始写最重要。这可不是一句废话，甚至可以说，这几乎就是关于写作的全部秘密。开始写作并不是一件容易的事儿，你得收集好三张牌。第一张，你得收集好阅读能力这张牌。通过大量的阅读，构建完整的知识版图和世界观，达到阅读没有障碍的境界，能在知识的崇山峻岭中自由地采矿，识别什么是好的素材，什么是不好的素材。这样就算是拿到了第一张牌。第二张，你得收集好表达能力这张牌。把思维集中到一点，捕捉到发散、混沌、游走的灵感，并线性地表达出来，逐字逐句地写在纸上，最后形成一篇脉络清晰的文章，这对写作者来说是一件难事儿。如果谁说不难，那可能是他习惯了这种难受劲儿。第三张，你得收集好长期坚持这张牌。这是更高的要求，你需要将天赋和外部环境相结合，保持一种长期的写作状态，日日不断地修炼，持续在这条路上精进。这意味着你有了创作者的身份，承担起了社会责任，成为一名记录者。

通俗来说，会阅读、善表达、能坚持，这就是写作的全部秘密了。不过我发现，能收集全这三张牌的人并不多。有的人是没有第一张牌，不善阅读，肚子里没有墨水，觉得没有什么想要表达的。有的人是没有第二张牌，肚子里有墨水却倒不出来，他们不相信自己写的东西有价值。还有的人是没有第三张牌，他们虽然才华横溢，写出了几篇好文章，但和大多数有才华的人一样，写着写着，就坚持不下去了。

很幸运，我收集到了这三张牌。第一张牌是我在大学时期收集到的。那时我整天泡在图书馆自由阅读，当然那时候也没有想到自己后来会成为一名职业作家，阅读只是单纯的兴趣使然，结果误打误撞，锻炼了深度理解的能力。工作以后，我的工作内容基本上都和书本有关，在阅读这条路上我从来没有停歇过。第二张牌是成为一名职业说书人之后收集到的。因为工作需要，我埋头苦读并系统性地写了三年多的文章，写作能力得到了很大的提升，慢慢开始理解阅读和写作到底是怎么一回事儿。不得不说，这第二张牌收集得很是费劲，很多时候不是靠自身努力就能完成的，而是需要一个强有力的外部环境，来倒逼自己锻炼出这种能力。很多人并不是不够努力，而是缺少了一个契机，没有见识过“认真的写作环境”。第三张牌是我在疫情期间收集到的。因为隔离在家，闲来无事，某一天福至心灵，想明白了自己的“天命”所在，给自己制订了一个一生的写作计划，打算在这条路上长期耕耘下去，这算是收集到了第三张牌。

本书有什么价值呢？书里有我这几年的一些写作感悟和一些最新的商业信息，如果你还没有收集到这三张牌，本书应该可以帮到你。不过本书最大的价值在于，我想告诉你一个好消息——写作这件事儿变得越来越简单了。

啊？这算什么好消息，你前面不是说写作是一件难事儿，同时收集到三张牌是多么不容易，怎么会变简单了呢？这是因为，新工具的出现，让原本很难的事情，变得很容易了。这里有一个时间红利，也可以说是独属于现代人的时代红利，如果你能理解并抓住这个红利，就会对你的学习和工作产生巨大的影响。

阅读和写作是一体的，不会读书就不会写作，这是必然的。不过和读书相比，写作的难度要高出很多个量级。写作永远都是一件难事儿，即使对于学富五车的老学者来说，把脑海中那些混沌缥缈的碎片化思想，用有结构的语言线性化地落在纸上，也不是一件轻松的事情，太轻松了只能说明作者不够用心。很多人会觉得写作最难的部分是怎么写，他们关注对结构和技巧的研习，但是我觉得只要经过一段时间的训练，技巧性的东西都是可以掌握的。就和做菜一样，厨艺不是难题，难的是找到上好的食材。对于写作来说，最难的是找素材。

找素材的方法经过了至少四代的演变。第一代是通过大脑搜索。知识分子必须要把大量的信息保存在脑中才能写出好文章，所谓“读书破万卷，下笔如有神”，其实古人是把大脑当成一个检索系统，装进去的信息越多，系统就越强大。第二代是使用外挂式的检索系统，用收集的方式，把书里的资料裁剪下来，分门别类地整理好，等写文章的时候直接去相应的文件夹中寻找材料，这就减轻了大脑的负担，近代人多用这种方式做学问。第三代是电子书普及后，文字变得数字化，人们开始用软件收集信息，然后配合搜索功能来收集材料，不过这种方法的本质依然是大量的阅读。2019 年，在读书人的领域发生了一件大事儿，一款新的搜索引擎出现了，它能精准地搜索到某一本书里的某一句话。这本来是电子书领域一个小小的创新，但是在我看来，这里面蕴藏着巨大的时代性的机会。我称这种对电子书进行全局精准搜索的技术为第四代方法。它的好处是即使你肚子里没墨水，只要够勤奋，就可以收集到大量的优质素材，只要掌握整合信息的创作技巧，你就能开始创作。从本质上来说不是你变聪明了，而是技术对你进行了赋能。

罗振宇说过一句话，“人类历史上有一个规律，只要发明一种新工具，就会把人类分成两部分。一部分人利用好新工具，有了更好的发展。另一部分人固守习惯，对新工具看不起、看不惯、看不懂，越来越跟不上时代的发展”。对于读书人来说，新工具的进化速度是非常慢的：把文字从骨头上移到竹简上，算一次；把文字从竹简上移到纸张上，算一次；把文字从纸张上移到电子设备里，算一次。虽然现今全局精准搜索功能只是电子书领域一个小小的创新，但是量变带来质变，这次创新是质的改变，因此绝对值得关注。

这种能对电子书进行全局精准搜索的新工具会带来哪些改变呢？至少有两种。

第一种：它让主题阅读成为每个人的基础能力。

什么是主题阅读呢？简单说就是以问题为牵引，不局限于某一本书，通过对比和分析，来对一个问题进行全局性的理解，即做到好几本书一起读。莫提默·J. 艾德勒写的《如何阅读一本书》非常出名，里面把阅读分为四个层级：基础阅读、检视阅读、分析阅读和主题阅读。这四个层级的难度逐级升高，也就是说你必须达到一定的水平，才能攀升到主题阅读这个层次。这个能力确实不容易拥有，对很多人来说，完整地读完一本书都很困难，更别说一下子读十本八本，如果没有很强的阅读能力和分析能力，很容易“溺死”在信息的海洋里。过去我们总是提倡读书要以问题为中心，但是书与书之间的信息是隔离的，这就导致口号虽这么喊，但具体操作起来难度非常大。现在不一样了，因为有了全局精准搜索功能，主题阅读变成了一种人人都可以瞬间掌握的基础能力。只要你会搜索，勤于搜索，主题阅读的能力就变得唾手可得，你无须再像老学究一样在信息的崇山峻岭中挖矿，你只需要顺着固定的小路，径直走到你需要的矿石前，一榔头敲下你需要的水晶即可。

第二种：它让每个人都可以达到全覆盖级的读书水平。

万维钢有一个洞察，即如果书读得足够多，就可以培养出一种对整个局面的智力掌控感，在这样的人眼中，所有知识、典故都已经被编码了，别人提一个话头，他们马上就知道对方要说什么。对这类人来说，找一个新的知识是很难的，找一个没有见过的独特观点是很难的。这种对书本的感觉一旦建立起来，即使面对未知的东西，也可以做出准确的判断，这就达到了全覆盖级的读书水平。这种感觉是怎么建立起来的呢？是通过大量的阅读慢慢建立起来的。有了搜索引擎或者智能推荐机制，假以时日，你也可以培养出这种对书本的感觉。慢慢地，你会发现获得新的知识越来越难，你想找一个没见过的东西越来越难，你只需要阅读只言片语，就能判断一本书的深度，这就像老师傅逛古董店，见的东西多了，只需要瞅一眼你的货，就知道真假。

简单来说，新工具的出现，大大提升了人们阅读的便利性，从而间接降低了写作的难度。你想想，在这个时代，只要一个年轻人掌握了主题阅读的能力，稍加训练，就可以达到全覆盖级别的读书水平，由于善用工具，写作的难度还大大降低了，那这个年轻人会有怎样的机会？

你可能会说，能有什么机会？不就是写文章，自古以来文人都会写文章，现在是商业社会，满世界都是信息，而且现在已经进入视频时代了，会写文章有什么用？我想说的是，在商业社会，会写文章即会做内容，会做内容即会做产品，把内容产品当作杠杆，你可以翻出不小的浪来。

在这里我要说一个自己的理论，暂且叫作“2 500 字理论”。什么意思？就是你通过持续不断地创作 2 500 字的文章，就能在现在以及未来过上不错的生活。因为现代的媒介工具虽然看似五花八门，但本源无非就是文字。为什么是 2 500 字，而不是 2 000

字，也不是3 000字呢？这是由现代媒介的特性决定的。

2 500字，口语化表达，刚好可以录制1个10分钟的音频；6个10分钟的音频，就可以做一门收费课程；360个10分钟的音频，可以做成一个年度专栏。有好的内容，你就可以出去和各个内容平台合作，就可以乘上在线教育这趟列车。

2 500字，也刚好是一本书的一个章节，针对同一个主题写够30篇文章，也就是七八万字，再整理加工一下，刚好能出版成一本书。与出版社合作，你就可以在作家这个领域占有一席之地。

2 500字，稍做修改，加上传播的元素，就能变成公众号里的文章。通过公众号发文章来接广告、卖课程，或是带货，你就可以踏上自媒体这个快车道。

2 500字，也是一个演讲稿的长度，你准备3个2 500字的内容，就可以出去给公司做培训、做讲座，都可以收费，线上课程转成线下，你就可以收获很多粉丝。

最神奇的来了，你把2 500字改成260字，也就是1分钟的短视频文案，然后对着镜头说文案，就是一个优质的原创短视频内容，你就可以赶上短视频这股热潮。

所以说，以2 500字为蓝本，根据不同的媒体形态而变化内容，你就能源源不断地做出不同的产品。只要你的产品足够好，在现在这个人人都可以表达的时代，就一定有人看得到你。2 500字是你所有内容的基石、源头，也是你的财富来源。

说到这里，你可能会觉得这有点赖皮了。没错，这2 500字就像一个发动机，可以带着你的个人商业飞轮持续不断地转起来。前面每一个平台的使用，都需要你学习使用很多种工具，并和很多机构进行密切合作，这样你才能玩得转这个理论，不过这些合作在现在开放的信息环境中，都已经不是难事儿。

估计你会说，每天都写，写什么内容呢？我可不能帮你确定具体写什么内容，那是你自己的事儿，不过我可以通过一些极其聪明的人对未来的预测，帮你找到自己的定位。

凯文·凯利在《必然》一书里讲了很多对未来的预测，其中有两章值得注意，一章叫“重混”，另一章叫“过滤”。对于写作者来说，这里面就藏着无限的机会。“重混”即把原有事物重新组合。增长源于重混，创新源于对旧事物的重新编排和组合，但凡有价值的创作物，最终都将不可避免地以某种形式转化成其他东西。未来30年里，最重要的文化作品和最有影响力的媒介，将是重混现象发生最频繁的地方。“过滤”即当新时代信息的守门人。作为写作者，应当把有价值的内容短小精悍地呈现在用户面前，因为我们一直在创作新的东西，新的东西就需要更强的过滤器。这个趋势是必然的，时代之音一直在寻找最强的表达者，并扮演着信息过滤器的角色，这里面蕴藏着无限机会。

本书的布局也是根据书中提倡的以问题为导向的学习方法来设置的，你不用逐字逐句地读完整本书，可以通过目录直接查看自己感兴趣的问题，把它当作字典来用。对这些问题的回答当然不是最充分的，但是整合了最新锐的观点，最实用的方法，同时加上了我自己的观点，希望能给你在相关问题的探索方面推开一扇门。

总的来说，本书可以帮助你解决两个问题。

第一，帮助你使用最新的工具，掌握正确的写作流程，用好创作技巧，从而源源不断地创作出好文章，转动起你的个人商业飞轮。

第二，帮助你建立起写作自信，收集好写作的三张牌，克服对写作的恐惧，达到内通外顺的创作状态，最终在写作这条路上一直走下去，成为最好的自己。

从本书里你学不到什么？你学不到创作的模板，也学不到具体的步骤。我不会僵硬地教你写出千篇一律的文章，我能做的就是告诉你创作的基本原则，扶你上路，让你在创作的路上走着走着，发现属于你自己的创作风格。

新工具的出现，总会有一小部分人先知先觉。希望你用自己的写作技巧架起一挺机关枪，用最新的搜索引擎补充弹药，在这个对读书人极为友好的时代，在这个创作环境空前便利的时代，成为更好的自己。开始写作吧，你一定可以从中获得乐趣。

张　凯

目录

第五章　实用文体写作方法

第一章

认识写作这件事

你适合写作吗？

关于写作的好处有很多种说法，有一种说法是，写作是把一段时间反复售卖很多次的有效方式。你讲一门课，最多就是对着几百人讲，但是你把自己的讲授内容写成一本书，就可以不受时间、空间限制地对无数人“讲”。干一次活儿，收无数次钱，真赚。还有一种说法是，写作可以大大提升个人在这个时代的影响力，写一篇文章可以被无数人看到，被无数人转发，这就是一件一本万利的事情。

我觉得这些观点都没有错，但都不是一个好答案。你一定要开始写作吗？并不一定，表达自我的方式有很多种。有人通过做出无数人使用的软件表达自己，有人通过音乐表达自己，还有人通过视频或者其他独特的方式表达自己，这些都可以把同一段时间售卖很多次，也都可以提升自己的影响力，不一定非要通过写作。

有一部分人，他们没有其他手段去表达自己，所以就选择了写作。写作只是特定人群最好的表达方式。

那如何判断自己适不适合写作呢？可以通过下面三个条件来做判断。

第一，你是一个独处的时候能自我充能的人。

有些人喜欢独处，倒不是他们不喜欢与人接触，而是他们在和别人接触，做沟通性工作的时候，本身是处在“放电”的状态，时间一长就会很累，就会想找个地方自己待一会儿。当然有的人就是喜欢和别人沟通交流，这样他们会觉得更有存在感，更有活力。这是两种性格的人，通常我们称为内向人群和外向人群，但是现在笼统地将他们归为内向人群或外向人群并不准确，一个人在不同的环境下，状态是会变化的，所以用“充电”和“放电”来形容，是个更好的选择。写作是个看似对环境没有什么要求，实则对环境要求很高的工作。安静的环境和长时间的独处思考对很多人来说是一种奢望。如果你是个喜欢独处、享受安静的人，那么写作也许是个很好的与世界连接的方式，反之亦然。

第二，你是一个对挫败感耐受力很强的人。

写作是勇敢者的游戏，从头到尾都要经受很大的心理压力，很多人其实还没有开始写作，就已经把自己批得体无完肤了，这就属于对自己不友好的人，这类人是很难写出东西的。不自我怀疑、不自我批判也是不可能的，过于自信的人也不会写出好文章。

关键是能不能耐得住挫败，持续写作就会带来持续的挫败感，这种挫败感并不会随着你技艺的娴熟、思维的升级而减弱。相反，只要你在写作，就要面对写不好，对自己不满意，自我怀疑，负面反馈，截止日期等压力。如果你没有很强的耐挫能力，很容易放弃，那么这条路也许就不适合你。

第三，你是一个喜欢做思维锻炼的人。

如果让我做世界第一的健美先生，把全身每一块肌肉都练到油光锃亮，我是不愿意的，一是我没有那个愿望和动力，二是我知道这样的身体要经历无数次肌肉撕裂再重新生长的过程，我很怕痛。但是我愿意做一个有智慧的人，我不怕思维观念被无数次摧毁又重建的痛，实际上我很享受这个过程。很多人其实不喜欢这种痛，大脑就像肌肉一样，你锻炼它，就会很累很痛很不舒服，但是你也会变强变聪明变智慧。你经常深度思考，看问题就会越来越透彻深入，写作会带来思维的变化，每一次变化就是一次成长，喜欢这种感觉的人，才会在这条路上走得很远。

如果你具备上述三个条件，那你就是一个有天赋的写作者。不过天赋这个东西，要到大神的段位才能显现出差距，用一句很流行的话来说就是，大多数人的努力程度还没有到拼天赋的阶段。天赋是包在石头里面的玉，想要展现出来，需要经过一段时间的磨炼，而这种磨炼需要一定外部环境的帮助才能实现。你必须在机缘巧合之下，经过千锤百炼才能成功。为了只言片语苦思冥想，为了一个观点夜不能寐，反复经历从希望到绝望，最后又不得不从绝望中找寻希望的过程。你需要经历一个从不知道自己不行，知道自己不行，不知道自己行，到知道自己行的过程。以上阶段都经历过，才能完成这个蜕变。经历过这些阶段的人，做事才会真正达到认真的状态。周星驰因为一句台词说得不好，跪下来求导演让他重新说一次；张学友因为唱歌跑了一个调，躲在卫生间里痛哭。这些在外人看来没有必要的事情，在他们看来就是比天还要大的事情。写作的时候为了一个材料翻遍几十本书，为了一个比喻苦思冥想几个晚上，这股认真劲儿，需要环境逼一下才能出来，靠自己是很难做到的。

如果恰好你也经历过这个阶段，并从中获得了驾驭文字的力量，知道了好文章是怎么问世的，那么恭喜你，你获得了用文字与世界连接的能力。

接下来你还需要什么呢？需要耐心。句子是怎么来的？一个字一个字敲出来的。文章是怎么来的？一句一句写出来的。一本书是怎么来的？一篇一篇文章凑出来的。写不动了怎么办？离开书桌，出去转转，然后回来继续写。这种持续的写作状态需要巨大的耐心。耐心是怎么来的？耐心来自你对时间的掌控，你对自己所做事情价值的确信。如果你被都市暴富的传说撩拨得心急火燎，像热锅上的蚂蚁一样焦躁不安；如果你总是在寻找通往成功的捷径，并且相信总有那么一条路，只是你没有找到，那你是写不出好文章的。你需要找到自己的节奏，在自己的时间流里一点一点地前进，彻底丢掉攀比的心理，只对手中的文字负责，如果达到这种状态，你在敲打键盘的时候，就很容易进入内通外顺的状态。

怎样定个写作小目标？

找到一个适合自己的写作领域

有一次朋友问我，什么样的人算牛人？在他眼里，我算一个小牛人，当时听完他的话，一方面我心里乐得开花，另一方面又想赶快找个地缝钻进去。他之所以认为我是个小牛人，无非就是因为我专注地写了三年的说书稿，才三年。那边最小的地缝是我的，谁也别和我抢。我自认为和理想中的牛人还差地球到火星那么远的距离。

出色的人分为三种：伟人、英雄和牛人。成为伟人是可遇不可求的，一个字——命。俗话说时势造英雄，成为英雄也是很难的，需要历史大势，非凡的勇气，超强的直觉力，过硬的心理素质，因此一般人都成不了英雄。不过我认为，虽然成为伟人和英雄都很难，但是成为牛人，通过努力还是能做到的。

每一个领域都有牛人，到底什么是牛人？我想至少要符合两个标准。

第一，专注。

乔布斯一辈子都在专注于创造引领潮流的科技产品，经过一代一代升级，现在几乎每个人手里都有了智能手机，他的创造改变了人们的生活方式，他当然是牛人。

从第一封写给股东的信开始，贝索斯的计划 20 多年来一点都没有变过，每一步都敢于牺牲利润，来转动那个巨大的商业飞轮，最后给商界树立了长期价值的标杆，他当然是牛人。

这些牛人的信念很专注，瞄准一个目标——这个目标很大，很远，很不可思议，但又似乎可以实现——然后一以贯之地执行到底，义无反顾，走多远算多远。一般人不敢做这样的长期决定，因为做这样的决定就意味着放弃很多其他机会，即使这种损失只是在脑海中，一般人也接受不了，而牛人就敢做这样的决定，敢下这样的决心，敢一步一步风雨兼程地朝目标前进，这种心力我们不得不服。

第二，极限。

埃隆·马斯克从 30 多岁起就扬言要把 100 万人带到火星上，

从第一次说出大话到最终一步一步实现自己的目标，他在无边的棋盘上布局棋子，探索商业世界的边界，甚至把天花板都捅出了一个洞，他当然是牛人。

宫崎骏则是挑战创作者身体的极限。他几十年如一日地创作漫画，一部接着一部，抱着赴死的心在70多岁又开始长篇漫画的创作，成为“不了之人”。有了他，人们可以窥探到一个漫画工作者一辈子的极限在哪里，他当然是牛人。

说到底，其实这个世界可能不需要太多伟人，伟人太多意味着世界太动荡。可能也不需要太多英雄，有的英雄破坏力太大。这个世界需要很多牛人，牛人是敢于用自己的生命去做一场大型社会试验的人，是敢于把老天给自己的天赋发挥到极致的人，是敢于探索自己时间边界的人。一句话，这个世界有了牛人，会变得有趣很多，进步很多。

我也有做牛人的心，但奈何总是找不到做牛人的路。一路磕磕绊绊尝试过很多领域，但都欠那么一点意思。突然有一天福至心灵，发现老天给我的牌叫写作，就如同海贼王里的“恶魔果实”一样，我吃的也许就是“写作果实”。没准我能在写作领域做出一些很有意思的事儿。

如何确定写作目标

首先，确定一下写作这件事儿对不对，值不值。

人生是短暂的，但文字是不朽的，中国古人相信文字可以永久流传，所谓文章千古事，后世相知或有缘。司马迁要“究天人之际，通古今之变，成一家之言”；张载要“为天地立心，为生民立命，为往圣继绝学，为万世开太平”。这些其实都是自我说服的过程。现在是互联网时代，随手拍个小视频也可以流传开来。实际情况是，除了写作，我对其他方面既不擅长，也没兴趣，所以没的选。结论只能是一个字：对。

其次，什么样的作者算牛人呢？

所谓文无第一，武无第二，如何判断一个作者是不是牛人，得有标准，比如前面说的专注和极限这两个标准。谁是既专注又极限的人呢？

我觉得柳比歇夫算是一个好例子。《奇特的一生》里写道：他一辈子做了一件很厉害的事儿，就是把自己的时间记录下来，精确到分钟，他一生写了很多书。但是我估计他写的东西看的人不多，但他这种做事儿的方法成了一种现象级的方法。我觉得这件事儿蛮有意思，既专注又极限。

最后，确定自己的目标。

我现在的写作气力是每天写 2 500 字左右，我今年 33 岁，以我现在不爱运动、乱吃垃圾食品的生活习惯，假如能活到 70 岁，大概还有 37 年的写作生涯，70 岁以后老眼昏花，一堆病痛，估计就写不动了。37 年，每天写 2 500 字，一年大概能写 100 万字，37 年就是 3 700 万字，如果都结集成册，粗略估计，大概有 333 本书。那这个成绩基本上就符合上述两个标准，既专注又极限。

你可能会说，写作是要看质量的，想靠数量取胜，你太肤浅了，这样还能算得上牛人吗？还真别这么说，从统计学的角度说，作品的质量是呈正态分布的，333 部作品中总有几本写得超级烂，也总有几本写得超级好，这是两个极端，中间大部分都是水平一般，不好不坏，马马虎虎，有一些人捧，也有一些人踩。不过对我来说足够了，从 333 本书中挑选出精品的概率，总是高于从两三本书中挑选出精品的概率。

登山者爱说，我登山的理由很简单，因为山就在那里，人生总得有点意义。把时间花费在有趣的事情上，用自己的时间和生命做一个试验，说不定哪天，我也会成为一个牛人。

如何做一个聪明的创作者？

如何进行信息的传承

有一个段子说，当一个人死后，只要把他的二维码刻在墓碑上，别人一扫，就能知道这个人一生干过什么。想一想这个场景，你估计也觉得挺滑稽的，不过这背后透露着一些不简单的变化。

什么变化呢？从我们这一代起，每一个像你我一样的普通人，都有机会把自己的生命历程原原本本地记录下来。很多人可能觉得这个事儿挺普通，没有什么大不了的，但是你仔细想想，就会发现这个变化可一点儿也不普通。过去只有帝王、法老，或是一些名气很大的文人，才能通过修建皇宫、造金字塔，或是著书立说来留存自己在这个世界上的信息，普通人留下信息的途径少得可怜，而且其概率之小，难度之高，使得留下信息的可能性几乎可以忽略不计。

当然也有一个普遍的办法——生孩子。这是以基因的形式延续自己的生命。如果没有孩子又没什么东西可被记录，那这个人在历史上几乎是无迹可寻的，就像一片树叶，一朵云，一阵风，一朵浪花，来了又走，匆匆一过。

这其实倒也没什么，生物的命运总是如此，但人有一点点不一样，人是一种建立在意义之上的生物，这个意义是什么呢？每个人的理解也许不一样，而我认为，人主要的意义就在于传承。基因的传承，思想的传承，几乎就是人生最重要的事情了。有了传承，人丁才能兴旺；有了传承，知识才能积累；有了传承，文明才能继续。

我经常见到一种人，他们学习非常认真，又读书又记笔记又参加各种学习讨论会，但一年到头儿一个成形的产品都没有，乱七八糟的东西收集了一大堆。在我看来，这无非就是把一些碎片化的东西，变成了另外一些碎片化的东西，并没有达到传承的目的。

传承需要记录，记录的方式有很多种，有没有一种方法，能比较讨巧地、持续地创作内容？这种方法是有的，就是以写代读，用问题做牵引，通过主题阅读的方式，收集材料，整合信息，直接开始创作，而我认为，这也是真正聪明的创作者在这个时代应该掌握的创作方法。

创作可以演化成多种不同的形式

再回到前面说的2 500字理论，做内容的人，只要坚持创作最核心的东西，就可以将其变化成不同的形式，让内容跨平台分发。

比如，你写出了一篇干货文章，那它能不能变成一门课程呢？可以，你需要想一个核心主题，把它打包成一个年度专栏，或是月度专栏，或是小课，用音频的制作标准加工出来，做成十来讲，或是几十讲，然后就可以变成一门收费的课程。当然这里面要有重新创作的成分，很可能你还需要按照课程的架构方式重新写一遍，但你想要表达的核心不变，再创作的难度也会小很多。

这篇文章还可以变成一篇公众号文章，这个基本上没有什么门槛，重新排版后就可以放在自己的公众号上。知识性的文章在公众号上也很受欢迎，你把原来文章的核心提炼出来，稍加修改，就可以变成一篇高质量的公众号文章。

这篇文章还可以变成一个短视频的脚本。如果你拍的是口播型或者分享干货型的短视频，那文案几乎就是所有内容了，一篇文章的核心传播点是可以用几百字提炼出来的，你用视频的形式重新制作一遍，那它就可以放到短视频平台上去传播。

这篇文章还可以变成演讲稿。演讲稿有演讲稿的写法，但是演讲稿的核心就是一句话，这一句话从哪里来？可以来自你写的那篇文章。你根据演讲稿的规则和写法重新创作一遍，难度也会降低很多。

这篇文章还可以变成一本书。书相对于其他文体难度要大很多，不过再厚的书，也是由一篇一篇文章拼凑起来的，而且书的写作自由度相对大一些，你可以充分发挥，在原来的文章中增加内容，添上你的所思所想。等相同主题的文章积累到一定数量时，找一家出版社合作，你就可以开启作家之路了。

所以说，2 500 字是你所有内容的基础和源头，也是你的财富来源。

这个思想有点讨巧的意味，当然每一个平台都有自己的特性，不可能“一招鲜，吃遍天”。但是你总要有一个内容源本，才能创作出相应的内容，形式可以变化，内核却是固定不变的。

互联网产品专家梁宁老师就是一个很好的例子，她有一个公众号，叫“闲花照水录”，里面有很多特别有深度的文章。开始写公众号文章的时候，梁宁老师也没有想过要出书、出课程，她只是把自己的感悟写成文章分享出来。后来积累到一定程度，有了足够的素材、清晰的框架，就变成“得到”的产品思维课程。课程可以变成书，变成演讲内容，变成短视频脚本，一鱼多吃，所以说这是对创作者极为友好的时代。还是那句话，只要你有才华，哪里都是舞台。

做一个聪明的创作者

把内容的商业利益最大化，是很多人追求的效果。为了赚钱而写作，也是我一开始创作的主要动力。但是写着写着，我发现了全新的意义，如果能以自己为榜样，抛砖引玉，鼓励更多的人去创作，传递思想，也许能给文明的大厦添砖加瓦。

据说当年米开朗琪罗画《西斯廷教堂穹顶画》是为了完成教皇给他的一笔订单，工钱一断，他立马不干了。但这完全不妨碍他在作品中加入艺术品味和自己的追求，使这个作品最后成为一幅旷世奇作。

达·芬奇创作的《蒙娜丽莎》，传说也是为一个富商的老婆画的肖像画，是先拿钱后干活的，但这也不妨碍一个伟大作品的诞生。

以赚钱为动力去创作自己的作品，有问题吗？我认为没什么问题。

商业片里也有很多精华，艺术片里也有很多糟粕。

现在是对创作者格外友好的时代，只要坚持创作，普通人都有在历史的时空中延续自己思想的机会，不仅能将其变成财富，还能为推动社会发展做出贡献。

看透这层，然后付诸行动，此之谓：聪明的创作者。

榜样如何给你力量？

选择属于自己的路

王国维说，“古今之成大事业、大学问者，必经过三种之境界：‘昨夜西风凋碧树。独上高楼，望尽天涯路。’此第一境也。‘衣带渐宽终不悔，为伊消得人憔悴。’此第二境也。‘众里寻他千百度，蓦然回首，那人却在，灯火阑珊处。’此第三境也”。

上文的意思是如果你想有一番作为，必须经历三个阶段：首先，给自己立一个大志向，这个志向要求你站得高，看得远，最好能一眼看到人生的尽头，望尽天涯路；其次，要下高楼，站在地上踏踏实实地干活儿，瘦了、憔悴了都是代价，你得认；最后，突然有一天，蓦然回首，你已经功成名就，取得了羡煞旁人的成果。

以前我对这种“望尽天涯路”的生活状态很是反感，觉得那种生活简直令人无法忍受。一眼望到头，多无趣，多绝望。我一直认为人生就应该充满挑战，不断变幻，明天永远是未知的，这样的人生才值得经历，所以对什么都好奇，一通乱跑，能尝试的几乎都尝试过了，一路磕磕绊绊，最后才发现自己就读书写作还可以，其他通通都干不好。

可能我天生就要吃写作这碗饭。知天命是一件好事儿，特别是早早地知道天命。就在我知天命的时候，我发现，“望尽天涯路”的生活状态是多么幸福，我似乎偷窥到了命运的底牌，感觉到了能力、天赋和方向的契合，剩下的就是在自己选定的道路上努力而已。未来清晰可见，成就一目了然，内心也没有了慌张、迷茫，随之而来的是笃定、确信。当你望尽自己的天涯路时，生活似乎都慢了下来，时间都开始和你做游戏，这时候我发现，我反而走得更快了，而且还有时间欣赏身边的风景了。

俗话说，肚皮藏不住孩子，布袋藏不住锥子，江湖藏不住高手。牛人也是藏不住的。我以前的一位领导曾捷老师就说过一句话，在现在这个时代，牛人迟早会牛的。真正想要干一件事儿的人，打他、骂他、阻挠他，都没有用，他依然会干。而且只要他不放弃，命运迟早会把他引到该走的那条路上。社会就是一条湍急的河流，你只要努力向前划，最后，水流总会把你引到一条适合你的河道上。

既然选择了自己的路，现在的问题是，怎样才能做个很牛的读书人？这得找一个榜样。天下没有新鲜事，你所谓的新路，也总有人用自己的一生体验过。我找来找去，发现季羡林先生是我的一盏明灯。他一生的经历，触底反弹的力度之大，值得所有有心治学的人学习。

榜样的力量

季羡林是典型的老一辈知识分子，治学的精神让所有人佩服，就连胡适也向别人说，做学问，就要像季羡林一样。不过这位老一辈知识分子的一生却是历经磨难。早年家境贫穷，父母将其过继，寄人篱下；去德国留学又赶上第二次世界大战，无法回国；战后几经辗转，回国刚过上几天舒服日子，又赶上“文化大革命”。

不过幸运的是，这一切他都咬着牙熬了过来。那段时间里，没有人敢和他说话，没有人敢和他接触，就这样，他被隔绝在了他人的视线之外，在一个小小的收发室里当看门老大爷。

可是谁知道，故事才刚刚开始。在那个幽暗的小房间里，看着窗前人来人往，时光流逝，季老暗自许下一个宏愿，他要干一件大事儿，翻译一部巨作——《罗摩衍那》。这是享誉世界文坛的印度两大史诗之一，不管是在印度文学史上还是在世界文学史上，都有崇高的地位。各个时代的统治者都想利用《罗摩衍那》的威名来宣传自己的政治观点和宗教信仰，就像中国世世代代的学者都想要解读《资治通鉴》一样。

为什么选它？因为这部作品够长、够难、够耗费时间。精校本大约 2 万颂，每颂译为 4 行，至少有 8 万多行诗，共 300 多万字，季老决心要把它翻译成顺口溜似的民歌体。更难的是，这么大的知识工程，白天还不能干，只有晚上有一点时间干，于是他就在晚上偷偷阅读原文，把梵文诗句翻译成白话文，白天在收发室里把白话文改成押韵而且每句字数基本相同的诗。

白天看到的季羡林，是眼睛不清耳朵不聪的半衰老人。实际上，他的大脑中一直有一个发动机在转，一直在产生“电磁风暴”，一项巨大的翻译工程就这么无声无息地开展着，一转眼，就是 10 年。

中文译本《罗摩衍那》出版后，震惊世界文坛。在过去 100

多年里，只有英文全译本，中文全译本是第二部外文全译本。世界各地的学者发来贺信，谁也没有想到，在这样的逆境之下，季羡林竟然取得了如此辉煌的成就，之后他的学术生涯也是“直挂云帆济沧海”，所向披靡，一路达到巅峰。牛人的光芒是遮不住的，牛人迟早会牛的，季老的精神几乎可以作为所有读书人的楷模。

我很早就知道这个道理，榜样的力量是很大的。记得我刚刚工作的时候，自己搞了一个工作室，因为懒，整天玩游戏，所以我想了一招，在房间内挂满了喜欢的名人头像，我记得有奥巴马、周星驰，还有一些国外的脱口秀节目主持人。最好玩的是，那时候也不知道哪里来的勇气，还专门给自己也定制了一个一样大的相框，和这些人并排挂在墙上。一开始还不习惯，来我工作室玩的小伙伴总是拿这个嘲笑我，后来我自己竟然也慢慢习惯了，觉得自己以后的成就也许真有可能和这些人一样。现在想来，我还是很感激那时候年少轻狂的自己，结果是什么其实不重要，重要的是这个能和牛人并驾齐驱的观念已经进入我的潜意识，让我在每次做选择的时候，都会多想一想，不要浪费生命，应该做点大事儿。

所有牛人的经历都不可复制，但是我认为精神这个东西是可以传递的，他们坚定的信念，不顾一切的投入，烈火一般的热情，激光似的专注，还有疯子一般的不知妥协。有了这种精神，不管做什么，取得成就都是迟早的事儿。如果你想，你也可以把自己的相框挂在墙上，旁边再放上你榜样的相框，相信我，一开始你会满脸通红，但慢慢你会感觉到强大的力量。

什么是写作的正确流程?

所有事情都有步骤和流程

写作这个事儿，和很多事情都很像。比如盖房子，要先打好地基，搭建骨架，然后一点一点地往里面添砖加瓦，最后一装修，布置家具，齐活儿。

后来我又觉得这个过程和拍电影有点像，要先确定拍什么，找剧本，筹集资金，进行前期制作和选角，然后开机，天南海北地跑，进行拍摄，最后经过粗剪、精剪等一系列后期制作流程，包装上线，搞定。

再往后我又觉得写作的过程像是在搭积木，把圆形的、方形的、三角形的各种积木嵌合在一起，然后根据自己喜欢的样子修修改改，一个完整的模型就出来了，完美。

不过最近我又觉得写作的过程和做饭挺相似的。经常有人说知识就是精神食粮，作家是灵魂的工程师，我认为从这个角度来说，创造和整理知识的人，应该就是思想的大厨。

什么事情都有一个流程步骤和套路结构，比如追女孩子，不管是一见钟情，还是相亲结识，总要有一个步骤，循序渐进，否则就违背了女方心愿。写作有没有固定的流程套路？一定是有的，当然也可能每一个创作者的创作流程不一样，但是总有一些步骤是大家共有的。

写作的六个步骤

写作一共有六个步骤：确定主题、收集素材、整理素材、深度思考、设置框架、开始落笔。不管何种形式的文章，按照这个步骤来写，都会非常顺畅。

我们就拿做麻婆豆腐为例。

做菜，首先要确定菜品，今天晚上要做麻婆豆腐，不是猪蹄拌饭，也不是红烧排骨，所以麻婆豆腐是今天的主角。麻婆豆腐看似简单，但是要做得好吃，可是很考验功力的。

写作也是一样，今天的主题是什么？你是要蹭一下热点写关于最近某起公共事件的看法，还是想写一篇关于一本书的感悟，或者是想教别人一个方法，抑或是想用自己的方式重新论述一个观点。确定自己写什么，是一切的开始，只要你觉得关于这个主题有话要说，那你就已经具备了写作的动机。我经常遇到的动机就是读到某一句话，有醍醐灌顶的感觉，脑子里面原有的一些东西松动了，迫不及待地想要分享给别人，这就够了。这一句话，就是文章的文眼。遇到一个好选题你首先要有生理反应，有从椅子上跳起来，原地打转的动作，如果你发现自己已经急不可耐地拍案叫绝了，那你就知道自己该开始了。

确定了晚上吃麻婆豆腐，接下来咱们得上街买菜了。麻婆豆腐得有豆腐，有肉末，有葱花，有花椒粉，有黄酒，有花生油……你需要把所有材料都备全了，否则菜就做不出来。

写作也是一样，确定好主题后，需要广泛地收集材料。除非你的文章是意识流的写作风格，不用去查证，不用去调用外界的知识，否则，收集资料就是一个重要的步骤。这是个艰难的工作，老学者天天在书斋中用功，就是在做查找资料、筛选资料的工作。不过我们现在有搜索工具帮忙，你能很方便地找到哪个素材在哪本书的哪个位置，这个功能实现了一个全覆盖的效果，你只要做足功课，就能用“快速阅读 + 主题阅读”的方式，用三天做完过去学者三个月才能完成的资料筛选工作。

菜买回来后，第一个工作是加工，豆腐要切成块，肉要剁烂，葱花要切细。每一个大一点的食堂后厨，都有专门做配菜的小工，你没有小工，这个工作就必须自己来做。这个过程可不能偷懒，一边整理，一边思考，同时你会发现缺失的材料，需要及时补充。

写作也是一样，从外面收集来的素材，七七八八，杂乱无章，有些观点你觉得很好，可以当作文章的重要素材，但是还有很多废话，应该删掉，把素材分门别类地整理好，后期才有东西可写。写作一定是先有输入，才有输出。很多人的误解是，所谓写作，就是坐在桌子前苦思冥想，但其实除了写日记，其他形式的写作，都需要资料辅助，而且就算是写日记，也需要日常经历来当素材，在家窝一天，怎么写呢？除非你有梭罗写《瓦尔登湖》的那种洞察力，否则写出来的文章基本都是流水账。

食材搭配完毕，现在要下锅了，最考验技术的时候来了，先往锅内倒油，再倒入肉末、葱末、豆腐、温水，大火收汁，起锅，这个技术要不断练习。同样的豆腐，同样的步骤，没有哪两位大厨做出来的味道和颜色完全一致，都是各有特色。

写作也是一样，素材只是辅助，如何整理、构建内在联系，用自己的语言表达出来，抒发自己的感想，把一件事说清楚、讲明白，让读者看得懂、有启发，才是每一个作者追求的目标。写作的过程就是把材料混搭、结合自己的判断进行重新创作的过程。很多新手认为引用别人的观点和文字是抄袭，还有某种心理障碍，总觉得自己凭空写出来的东西才是原创，这是对写作极大的误解，很多好的文章都需要引证别人的成果。

一道麻婆豆腐和一篇热辣的文章一样，观点和主题是豆腐，有了豆腐，才有麻婆豆腐；逻辑框架是这道菜的形态，色泽淡黄，口感爽滑是基本要求；花椒是文章的语言风格，而辣椒是文章的情绪表达。

所有要素都达到要求后，一盘合格的麻婆豆腐就做完了。

很多人写文章总是不按照步骤来。

比如，不去收集素材，而是坐在电脑前苦思冥想，这就像一位厨师不去买豆腐，站在厨灶前想要靠脑袋变出一盘豆腐来一样。

再比如，很多人写作不列大纲，这就像炒菜的时候完全没有章法，看到哪个食材就随手放进锅里，炒出来的味道一定不好。

还有很多人写作时会大量讲自己的故事，加入过多的细节和感受描写，自我表达的意愿过于强烈，最后把自己感动得一塌糊涂，别人却看得一头雾水。这就像炒菜的时候完全根据自己的想象来做，全然不顾麻婆豆腐本来应该有的风格，是很自我的表现。

写作是一门手艺，和任何其他手艺一样，掌握技术和提高水平的唯一方法就是多练，放在写作上，就是多写。这绝对不是一句废话，而是关键中的关键。思维永远是发散的、游走的，你永远无法在脑海中打完所有腹稿，只有用一句话带动另一句话，一个观点牵出另一个观点，一个故事引出另一个故事的方式，才能实现思维与文字在纸面上的切合。

把一个想法变成落在纸面上的一篇完整的文章，远不是你坐在椅子上就能完成的，这中间需要大量的准备工作，就像你永远没有办法在没有食材、不会厨艺、不加练习的情况下，做出一盘高水准的麻婆豆腐。

第二章

写作心态要调好

好文笔真的重要吗？

什么是好文笔

你前面有一座山，目测有 2 000 米高，常年的登山经验告诉你，要登上这座山是一件不容易的事儿，你得做好充分的准备，做好热身运动，带好登山设备，甚至是求救设备。你知道，只要出一点差错，你都可能会失败。

这时候你突然发现，旁边有一群人在叽叽喳喳地争吵，其中有几个人甚至大打出手，八卦的天性促使你把耳朵伸了过去。仔细一听，原来他们在争吵着是跳着芭蕾舞上山姿势优美，还是哼着小曲儿爬山看起来有格调，你顿时无语，心想，又是一群从来没有登过山的“菜鸟”。

每次有人和我讨论文笔的时候，我脑海中总是会浮现出这样的情景。对我来说，能写完一篇结构完整的文章，把想说的内容尽量表达清楚，并且扛着巨大的心理压力把它发表出去，走完一整套写作流程已经实属不易，哪里还有心思管文笔优不优美，辞藻华不华丽。我不知道有没有人能跳着芭蕾舞、哼着小曲儿上山，我只知道，那些整天讨论文笔的人，没几个写出过有文笔的文章。

中国人普遍极端在意文笔，这也许是由语文科目积年累月的错误教育方式造成的，以为诗词散文就是所有文体形式；也许是由汉字本身的特性造成的，汉字信息量高度压缩，适合抒情表意，但拙于说理叙事。有趣的是，虽然大家都在追求这个东西，但很少有人能说清楚什么是好文笔。

什么是好文笔？无非就是驾驭语言的能力强。大家看到一个东西，脑子里面都有类似的感受，但表达方式却不一样。文笔好是你脑子里有一幅美景，表达出来像一幅美画儿。文笔差就是你脑子里想的是史诗级别的战役，写出来的却是小孩打架。文笔好：秋去冬来万物休，唯有柿树挂灯笼。文笔差：快看！真好看。

对于谁的文笔好，文化人堆里也吵成一团。有人说刘慈欣的文笔差，格局小，有人说南派三叔不会讲故事，我还听过有人说海明威的文笔不够优美，雨果的文笔不够精练，巴尔扎克说话太鄙俗。王朔嫌弃金庸的文笔差，毛姆嫌弃陀思妥耶夫斯基、托尔斯泰、巴尔扎克、狄更斯四位大师的文笔不好。似乎谁都有资格就文笔一事站在鄙视链的更高一环。

其实所谓的文笔好，无非就是词汇量丰富，能旁征博引，能加点名人名言，能来几个金句，善于炼字，善用独特的方式精确表达和记录。可是这些要求，稍微训练过一段时间的人，自然而然就能做到了，只不过每个人的方式和风格不同而已。你善于在豆腐上雕花，我做麻婆豆腐的时候用不上，就该被鄙视？犯不着。

我对文笔好的要求很低，我认为能把话说清楚，文章一气呵成，旁人能明确地接收到作者的用意和想法，就是文笔好。就像一个人能顺利登上一座山，让旁人看着不难受，不出很多幺蛾子，我就觉得他会登山，至少比那些在山脚下半步不挪却喜欢口头给自己增加难度的人好得多。

汉语有自己的特点。汉字的起源独立于口语系统，它不是语音的记录，而是对外物的模拟，所谓象形是也。它源于卜辞，演至史官对国家大事的记载。现代文字中，汉字算老一辈的文字了，与汉字相比，许多其他文字要年轻得多。因为古老，自然也带着很多旧有的特点，汉语的口语和书面语断裂得很厉害，说的是一套，写的是另一套，与口语语言相比，文字性的书面语言要简约得多。与大多数字母文字相比，汉字具有更强大的信息容量和压缩能力。同样的内容，汉语比英语要减少 30% 以上的页面。若是古汉语，还要再减少一半。这是汉语高度凝练和压缩信息的好处。

但也有坏处，古代文字无多，转注通用，而文字本来就是用来记录的，精确是本质需求。要精确，就要有庞大的汉字数量支撑，这也造成了汉字笔画复杂、意音割裂、多音多意、语境微妙等缺点，从而使汉语成为世界上几乎最难以掌握的语言。即使对于很多中国人来说，阅读和写作也是一件劳心费力的技术活儿。

读几十年的书，从来没有写出过一篇文章的大有人在。所以我说能完整地写出一篇文章，并且把它发表出去已经实属不易了。至于文笔这东西，就像爬山时候的花哨姿势，有也行，没有也不妨碍记录和表达。对于那种还没有出发，就要刻意给自己增加难度的想法，我实在是理解不了。

“和菜头”说得好，写作这件事儿，在没有真正动手开始之前，你没有任何问题，也不应该提任何问题，更不应该在意所谓的文笔。文字的价值在于记录，它本身有韵律和生命，不用你刻意雕琢，在有心人眼里，它本身就是有魅力和启发的。

而文字道从来都是“魔道”，越是钻研如何让一句话打动人心，如何找到形容一瞬间情感最贴切的语言，就堕入“魔道”越深。《在路上》的作者凯鲁亚克要借助安非他命才能写出那种飞驰的句子，《麦田里的守望者》的作者塞林格要离群索居才能写出独特的文字……有时自己的内心越黑暗，越是希望通过文字带给人光明。那种需要用生命献祭才能拥有的技巧，不值得追求。

文笔之外还有更值得追求的事

既然不用专注于文笔，那有没有更值得追求的事？当然有，文章的思想、故事、稳定性，是比文笔重要一百倍的事儿。世界上有 5 000 多种语言，当你的文字被翻译成其他语言的时候，那些遣词造句，那些只有会汉语才能读懂的妙处是第一个被抹杀掉的元素。通常没有人在意你抠字炼字花的那些小心思，别人只关注你到底想说什么，你的故事怎么样，还有，你的创作字数配不配让你成为一名作家。

由于不用考虑文笔的问题，所以写作的时候会很自然流畅，不需要随时停下来找漂亮的字眼，反复调整句子结构。你是怎么想的，你笔下也就怎么写了。这样别人读得轻松，你也写得愉快，何乐而不为。

中国古代有多少读书人一辈子的时间都用在琢磨遣词造句、舞文弄墨上，而忽视了科学思想的发展。现代人工智能一分钟可以做出花样不同的诗词歌赋，要是古代读书人知道自己一辈子的钻研成果现在瞬间被“拍在沙滩上”，不知道会不会悔恨不已。

你要做的，就是跳出追求所谓文笔的坑，尽最大的努力，用最直白的话和有限的词，长久地、稳定地，把你的想法“凑”成一篇篇文章，交付出去。就像你要关注的只是征服一座座山而已，至于你是跳着芭蕾舞上山，连滚带爬上山，哼着小曲儿上山，还是摔得鼻青脸肿上山，随意吧，除了你自己，没人在意。

写作时拖延了怎么办?

人人都有拖延症

你走在一条狭窄的乡间小路上，路很难走，泥泞不堪，要保持身体平衡已经很难了，你还必须时不时地挥手赶走扑面而来的蚊虫，小路两边都是大水坑，一不小心，你就会滑倒。

不出所料，你脚下一滑，一跟头栽进水坑。这时候有两种选择：一种选择是直接放弃，退回去，重新找一条简单的路；另一种选择是赶快爬起来，继续赶路。你怎么选?

我会选择赶快爬起来继续赶路。我知道，退回去，另一条路也许更难走，在水坑里抱怨咒骂也无济于事。我还知道，滑倒基本上是一定会发生的事儿，既然一定会发生，不如爽快接受。

有拖延习惯的人做事时的状况和这个场景很像。不一样的是，大多数人喜欢在水坑里哭一会儿，自责一会儿再爬起来。

有人对拖延症下了这么一个定义，说它是一种没有任何原因的、毁掉自己生活的行为。可见这个事儿必须得认真对待，特别是在写作领域，因为这里是拖延症的重灾区。

有人说，这是一个“人人都有拖延症”的时代。一项调查数据显示，目前中国80%的大学生和86%的职场人都患有拖延症。50%的人不到最后一刻，绝不开始工作。13%的人没有人催就不能完成工作。

“明日复明日，明日何其多，我生待明日，万事成蹉跎。”明代诗人钱福的这首《明日歌》，在我看来，就是一个重度拖延症患者晚年的哀号。

不过幸运的是，哀号的人不止他一个。达·芬奇画《蒙娜丽莎》，一拖就是16年；达尔文写《物种起源》，一拖就是20年。这还算是好的，至少最后他们都交出了作品，绝大多数人，想做一件事，一拖就是一辈子。

我自己就有拖延的问题，每一次写文章，我总是要拖到最后一刻才能完成，当然还有很多时候，拖到最后一刻，还是完不成。完不成也就罢了，大不了就是失败，但最恼人的是，这中间受到的苦，一点儿也没少，那种自我怀疑、自我挫败、内心煎熬、情绪沮丧的感觉，无以言表，明明想动，但就是动不了，太难熬了。

后来因为发生的次数太多了，可以说是绝望了，也可以说是习惯了，久病成良医，慢慢地反而悟出了一些缓解拖延的方法。

我发现，拖延是个怪圈，它是一波一波来的。比如，我星期六要交稿子，星期一就开始准备，我对这篇稿子有很高的期望，我要写一篇逻辑清楚、风趣幽默，又有深度的好文章，最好能让别人看了有一种拍案叫绝的冲动。

然后就开始收集资料，虽然想得挺多的，但是就是动不了笔，觉得自己没有准备好，一直拖拖拖，拖到星期四晚上，连个大纲都没有，然后心里就越来越着急。到星期五早上，心理上开始有点变化，那就是我突然觉得我还有很多时间，反而不慌了，此时我还有一天加一晚上的时间，然后开始慢慢想，有了点思路，一直耗到星期五晚上，不管怎么样都得动笔了。好，反正就是它了，然后就写到半夜，终于完成了。

在完成的那一刻，我脑袋里面迸发出的第一个想法就是，我下一次一定不能拖，一定要早早开始，因为这个过程实在是太难受了。但是，下一波，又来了。

为什么会有拖延症

最常见的一种解释就是，这是天生的。我们人类进化出这种行为特性，是对我们自己的一种保护。在远古时代，食物匮乏，能量不足，那些太好动，没事儿就喜欢挑战自己的人基本上都灭绝了，剩下的就是我们的祖先，一群好吃懒做，有今天没明天，说得多，做得少，没事儿就喜欢围在篝火前听故事的懒人。所以要怪，就怪祖先给我们留下了这么一个“懒癌”基因，就跟小鸡生来会啄米，猎豹天生会捕食一样，我们生来就会拖延。

当我们顶着一个原始人的大脑，突然跑到了现代社会，肯定吃不消，现代社会对人的要求太高了。人的精力是有限的，欲望是无限的，看到什么都想要。比如，看到别人有八块腹肌，羡慕不已，于是也想要，但是到了真正要消耗大量精力并承受肌肉撕裂的痛苦时，大部分人会退缩。

看到别人才华横溢，妙笔生花，又想要了，但是到了真正要消耗大量精力去深度思考的时候，又开始退缩。想一想，没有腹肌、没有才华毕竟死不了人，精力耗完可是要死人的。

说到底，拖延症就是怎么面对自己，怎么和自己相处的问题。有很多人会说，拖延症可以治疗，就好像拖延症跟感冒、发烧一样，是一种病，一剂药吃下去，打上一针，一下子就变好了，一下子就变得特别有效率，一下子就没有任何焦虑一样。我觉得这么说不靠谱，哪有这样的好事儿，像什么屏蔽外界干扰，结构性拖延，用奖励和恐惧激发自己，这些都是治标不治本的方法。想要完全治好拖延症，就与要求自己看到美女帅哥不心动，看到美食没感觉一样，确实很难做到。

怎么克服拖延症

我的个人经验，有两点最有效。

第一点，调低预期。

以前你认为拖延是不正常的，是偶尔出现的行为，你认为这是个坏毛病，要改正，改不掉就是自己哪里不对。这个预期就太高了，就和你总是要求自己做事成功一样，偶尔一次不尽如人意，就觉得受不了，偶尔一次掉到水坑里，就对自己苛刻起来了。其实在真实的世界里，失败是非常正常的现象，成功反而是偶然的。拖延是正常的，高效完成工作是偶然的。路很滑，雨很大，你连滚带爬地前进才是常态，逢山开路，遇水搭桥，在你没有走过的路上，永远不知道有哪些障碍在等着你。你希望自己像走T台那么潇洒，一路走向成功，是因为你不懂真实的路什么样。这样一调整思维，会瞬间感觉自己没有那么糟糕，各种负面情绪也会减少很多。

没有了负面情绪，拖延带给我们的伤害实际上很有限。顶多就是你会推迟一点完成任务，这在你一生的成就系统里无足轻重，你推迟几年成功，对社会也没有什么影响。但你换来的是，重回轨道的时间会大大缩短，你从水坑里爬上小路的时间会缩短，能做到这一点，你就有了对路的掌控权。

第二点，挑个软柿子。

拖延最大的困难在于没法开始，一旦开始，你会发现其实也没那么难。毕竟路是你选的，一定能走下去，无须怀疑，这说明你已经具备了上路的能力。遇到困难时，你可以默念一句咒语，挑个软柿子，就干10分钟。先做最容易的工作，比如，把你收集到的资料先从头到尾看一遍，这个就很简单了，读10分钟再说，剩下的可以明天再干。读着读着，可能你就会有新的思路出现，这时候再挑一个软柿子，比如一个好故事，以一个金句开头，等开头写好了，再挑一个软柿子，把结尾顺便也写了。等这些工作做完了，一篇文章的首尾就有了，你也不知不觉地进入了状态，一鼓作气，把中间的内容填充起来。

我几乎每一次都是用这种方法来完成一篇文章，像哄小孩一样哄着自己完成任务，和自己玩心理游戏。没办法，谁让本能一直是身体的主人，而理智从来不是。

其实拖延症本身就不是病，它也不是时间管理的问题，而是精力管理的问题。就看我们能不能及时调动自己的精力，调动头脑中的理智，让它来帮我们做事。能随时地调动当然好了，但是在当今社会，要调动头脑中的理智越来越难。一是因为我们周围的诱惑实在太多了。二是如果没有特别的信仰，我们就不需要太多的调动，身体不管你优秀不优秀，对它来说，舒服地活着最重要，优秀只是人工制造出来的一个选项。

从某种程度上说，拖延也是一块试金石，如果你实在没有办法克服它，甘心当个普通人也挺好。可是你要知道，一旦你具有了快速行动的能力，能快速地从水坑里爬出来继续上路，你就已经超越了绝大多数人。怎么选，你来定。

如何做好应对嫉妒和相轻的心理准备？

为什么文人会普遍相轻

左宗棠有句名言说得好：能受天磨真铁汉，不遭人嫉是庸才。用现代的话说就是，你能被所有人喜欢，那你得是多普通啊！

写作，要了解嫉妒这种情绪。为什么？因为不管你写什么，你都是一只脚踩进了文人的行列，而文人有一个毛病，即普遍相轻，即使是名人也不能免俗。

巴尔扎克就被嫉妒折磨过，他以前在读《帕尔马修道院》时，曾经给自己的好朋友写过一封信，信中写道，我禁不住一阵醋意涌上心头，看到司汤达的作品后，我是又喜、又痛苦、又着迷、又绝望。你看，连大文豪都不能免俗，说到底，这是人类的一种底层情绪。

自古以来，几乎只要有文人在场，就会上演争吵、嘲讽、算计、调侃的戏码。鲁迅说过，文人相轻，不外乎三种情况，一是自卑，二是自高，三是批判。很多文人有自视甚高、目中无人的习惯。与文人相轻对应的是武人相重。这里说的武，是指体育运动，格斗技能，或是一些技术性的工作。为什么武人会相重呢？在武人的世界里，很容易分出高下，打不过就是打不过，不行就是不行，不管开始打斗前气焰多高，一场较量下来就会心服口服。

我记得小时候很喜欢玩《拳皇》，这是一款格斗游戏，几元换的游戏币就可以在游戏厅里玩一天。这个游戏非常考验技术，现在也有相关的世界级的比赛。那时候我打遍自己生活的县城无敌手，感觉自己已经无敌了，于是专门跑到市里的街机厅找人“对挑”，俗称“踢馆”。结果出去后，没几下就被打得落花流水，一些平时没有出现过的招数全部出现了，尽管我心里生气，但也是心服口服。这个游戏很公平，全靠技术，对方水平只要高一点点，同样的角色，同样的条件，无论如何都是打不过的。不在一个层次的人，只要打一局，对方什么段位，心里基本就有数了。

打不过的人，再来十局，也是一样的结果。

从那以后我悟出了一个道理，技术的高低，和你所处的地方有很大关系，你在的地方越大，同行就越多，交流技术就越方便，技术天花板就越高。相反，在小地方，同行少得多，一旦你成为领先者，你的天花板也就到了。所以我后来找工作的时候也是尽量去大城市，而我出去的第一站就是北京。细细想来，这个决定和当初玩游戏的经历也不无关系。

为什么文人会普遍相轻？我猜出现这种情况的原因是文人的作品没有绝对的评价标准，没有办法像体育竞技那般较量一场，哪怕是辩论赛这样针锋相对的场景，最后的结果也都是互相不服，全靠观众和裁判的主观标准来判断。此外，文人相轻也因为文人太善于表达自己了。事实上，自我评价过高，容易轻视别人，这是我们与生俱来的心理定势，当然，也是我们的生存优势。人如果真能很客观，那么信心和勇气肯定不足，就会很难适应种族内的竞争。而对于生存来说，尤其是对于我们祖先的生存来说，信心和勇气绝对比客观重要得多。

不过世事无绝对，能解释为愚蠢的，就不要解释为恶意。据我观察，所谓相轻的文人，也基本都是半吊子的水平，真正的大师都是胸襟宽广的。在前面的例子中，巴尔扎克毕竟是大师，不久之后他就调整了自己的心态。

而且文人未必相轻，武人也未必相重。在《水浒传》里，林冲在服役的路上，得到柴进的赏识，柴进邀请他喝酒，可是他偏偏被一旁的洪教头视作眼中钉、肉中刺。细细想来，洪教头与林冲素昧平生，根本不是一个轨道上的人，而且林冲只是路过，为什么洪教头对一个过客有这么大的敌意呢？答案是两个字：嫉妒。同为武行，林冲是80万禁军教头，而他默默无名，凭什么！

有趣的是，嫉妒也只能发生在平级之间，如果你心生嫉妒，目标不会是上级，也不会是下级，只会是同级。这在国家之间同样适用，你觉得40年前的美国会嫉妒中国吗？不会，但今天就有可能。

一个表达者，有没有办法不被人指指点点？没有。表达者就跟伞兵一样，天生就是被包围的，在包围你的人中，有陌生人，也有熟人。陌生人诋毁你，你可以无视，但亲戚、好友、同行、发小，甚至你尊重的师长诋毁你，你可要做好心理准备，提早建立好心理防线，否则，你会立刻自我怀疑。当然，很多人没有恶意，只是出于各种个人原因。你的作品受到批评是一种非常正常的现象。

为什么我们会嫉妒别人？说白了，就是为了生存，为了争夺有限的生存资料。把两个水平差不多的人放在一起，嫉妒之火总是很容易燃起来。

唐代韩愈有一篇文章叫《原毁》，所谓的“原毁”就是去探究一个人为什么会受到别人的诋毁。在这篇文章里面他说：人对于“疏远”而又“不与同其利”的人，一般不会嫉妒。

什么意思呢？就是假如一个人离你很远，又与你是不同的专业，不在同一个领域里发展，那么你就不会嫉妒他。

举个例子，比如说一位科学家就不会嫉妒一名足球运动员，一名软件工程师也不会嫉妒一位作家。但是，假如这名工程师和这位作家是同学，是发小，那也有可能产生嫉妒心理。

为什么呢？因为他们离得不远，可以比较。你的成功可以让他的成功显得逊色。

所以，这些都说明什么呢？说明嫉妒往往比较密集地发生在亲近而又有共同利益的竞争者里。比如同学、同事、同行，甚至同乡、同里，都是嫉妒的高发群体。

看起来嫉妒是坏事，但是进化论告诉我们，任何情绪被装进我们的身体，必然都是有一定作用的，那么嫉妒有什么用？

往好了说，它的正面作用是可以让我们获得更强的竞争力，毕竟看到和你水平差不多的小伙伴突然有一天混得比你好了，技术比你高了，眼界比你宽了，创作出了你梦寐以求的作品，稍微有点上进心的你，难道不想发奋图强一下，奋力追赶一下？这当然是好事。

往坏了说，内心充满嫉妒情绪的人犹如血液里燃起了烈火，心肝脾肺肾都被灼烧，没有一刻能获得内心的宁静。这是自残型的心理，其实只要不做出出格的事情，受伤的往往是嫉妒者本人，于其他人没有什么影响。

大家或多或少都出现过嫉妒情绪，但是有修养又不表现出来的人少之又少。

遇到嫉妒情绪怎么办

可，

第一，嫉妒不能预防，只能释放。

所谓释放，就是想开点。只需要认识到这势和成就和善恶无关，不怪任何人，你完全不需要如果有人看，去换回这种安全的人际关系。你的文种零和博弈，说白了其实就是占用了所谓的国民总时间了福利，就得经得起别人就是你多一点，别人就少一点多大时，嫉妒就会转为羡慕。你的抱怨。不过话说回来，差真的不用为自己的优秀心怀愧疚。

第二，开阔你的视野，放大你的格局。

同行是冤家，同行也是最亲的人，他们每天和你想一样的事情，同你走过相似的心路历程。也许在你最难的时候，唯一能理解你的人，就是你的对手，是你一直羡慕嫉妒的人。同行嫉妒你怎么办？呵呵一笑，继续创作。你要知道这是必然会发生的事

如果偶尔能遇到几个真心赞美和恭喜你的人，请一定珍惜，

得的知己。

本来就是一条艰难的路，遇到同行不容易。一些人“贫

，富贵则流于逸乐”，穷困的时候就被穷困吓倒，

门心思享乐，反正就是不搞创作。别人搞出点名

就看不顺眼了，上去泼冷水。当然，也有很

行为知己，想方设法展开合作、互相激励，

的。

感觉自己写的东西没有价值怎么办？

知识的“魔咒”和妄念

我以前写东西有一个毛病，写得快，删得也快，平 行，删四行。为什么总是删呢？原因很简单，就是认 东西没有价值，既然没有价值，不如删掉好了。我 有这个毛病，后来我发现，其实大多数人都有 开 始我猜这也许是不自信造成的，对自己的 也许写得 多了就好了。直到有一天我突然开悟， 信一点关系也 没有，一切都是妄念在作祟。

我认为自己写的东西别人都 既然知道，为什么还要再 写一遍呢？给别人讲人家已 道的东西，那不就没有价值吗？

于是我一直在追求新的知识，然后我又一直认为新的知识别人都知道。

现在想来，这真是愚蠢的想法。仔细想想，你认为自己懂的知识别人都懂，那就是假设别人懂的知识你都懂。多么自以为是，以自我为中心的人才会这样想问题。

为什么我们总是认为自己懂的知识别人一定懂？其实这是知

"魔咒"在作祟。

么是知识的"魔咒"？它的意思是，一旦你获得了某种知

记没有这种知识时的感受，你会习惯性地假设别人也

。值得注意的是，"习惯"周遭事物，并对事物做

让我

"，是我们人类进化出来的认知本领和优势。它

事物集中

物放到认知的背景里去，从而对新鲜或危险的

记得你第

身每一根汗毛都竖的感受吗？反正我第一次上路时可是全

红绿灯等繁杂的信号。每一个毛孔都在观察路上的行人以及

人行道上的行人以及一些了几个星期的车以后，在我眼中

因为我已经"习惯"了开车。信号就都神奇地"消失"了，

开车上路紧张兮兮、不知所措的时时，当你看到女朋友第一次

你会觉得很搞笑，理解不

了她的情绪。你会下意识地说，这有什么好紧张的，怎么踩刹车都不会，其实你是完全记不起来当初自己紧张兮兮的感受了。

写作最重要的两点：　创造价值和保持初心

做互联网产品有两点很重要，一个是创造价值，另一个是保持初心。什么是创造价值？就是了解你的目标用户是谁，他们确实需要你的产品，你的产品帮助他们解决了实际问题，不是你以为解决了，而是真的解决了。这个问题必须搞明白，否则产品面临的就是九死一生。什么是保持初心？就是你的产品是瞄那个原始的痛点在打，而不是你在做的过程中，慢慢加自己臆想的、用户根本不需要的功能，最后让产品变

我认为这两个原则放在创作上也尤为重要。时时刻写出能给别人带来启发、带来改变的文字，在我怀疑的时刻记住自己当初为什么而写。每一个创作枯竭的时候，也刻，这种感觉也许出现在某个深夜的时候。这种时刻总有一许出现在某一个自认为原创的想法自己写的东西到底有没有价个声音出现，对你进行灵魂拷问写出来？值？有没有人关心？值不值

在写作过程中，“假设”和“习惯”是写作者的大敌，它会让我们忽略目标用户真实的需求，而只是为假设和习惯写作。

那你写的东西有价值吗？只要能把它传递到需要的人手里，当然就是有价值的，这一点无须质疑。

在这方面创业和写作是一样的。创业的时候，你要先搞清楚自己的目标客户是谁，而写作时，你在动笔之前，要知道自己在

说话，你的目标读者到底是谁。比如，你分享一些刚进职场

新感，对职场老司机来说没有什么价值，但是对一个还在

大学生而言就是有价值的，他们可以通过你的分享提

真实样貌。所以每个人的分享都是有价值的，只不

的“魔咒”遮住了眼睛，看不到真实世界的真实

所有人都是千篇一律的，也许你以为自己的

也许你以为自己懂的别人一定懂，自己不

其实都是凡事从自己的角度出发导致的

很简单，想象你对面坐着一位明

，也可能对你的分享一无所

的每一句话他都觉得有价

当你能想象这样的画面

需求

朋友圈就

懂的别人一定

错误想法。

怎么跳出知识的

确的目标用户，他可能是你

知，然后你会收到神奇的反馈，

值，都会发出“我第一次听说”的感

时，你的写作过程会无比顺畅。你要知道一个事实：你懂的知识不是每个人都懂，没有人完全复制你的经验和经历，和别人分享你的所思所想一定是有价值的。

这是一个心理技巧，它能帮到你。最真实的反馈还是来自真实的用户，你需要和你的读者多聊天，多进行深度交谈，对他们越了解，你写的东西就越能引起共鸣，也就会越来越好。真实世界的反馈，是你进步的重要推手。

何帆老师说过这么一句话，写书是每一个知识分子的社会责任。我非常喜欢这句话，仔细琢磨一下，我们每个人活到这么大年纪，如果没把自己的世界观都倒出来，就变成一抔黄土，不为时间的长河留下一笔，那是不负责任的。就像一家公司，如果每名员工都身怀绝技，定期和其他同事开分享会，把自己的才识展现分享出来，整个公司的实力和凝聚力就会慢慢增强。社会也是，我们每个人都是给社会打工的，和其他伙伴分享你的所知所感就是你的责任，这样可以给我们的国家，乃至全人类做贡献。往大了说，我们人类就是通过不断地分享、积累知识，才和其他物种不一样。怀着善意与他人分享知识，本就是写作者的初心。

初心要求人们摒弃假设，把自己重新置于初学者的心态，回到一个开放的状态中去感受事物。

一位设计师要保持初心才能做出好产品，一位老师要保持初心才能理解学生的感受。归根结底，眼里有人，你的表达就一定是有价值的。

你是否真的永远也写不好？

写作天然不可能完美

说一个写作问题之中的问题，也可以说是问题之最，问题之母。很多人刚开始无法写作的一个重要原因，就是觉得自己写不好，所以就不写了。

这真是一个死循环，写不好，所以不开始，不开始，永远写不好。我觉得，正确的方法不说你也知道，就是要开始写，只有这样才能越写越好。这个看起来无比简单，不用再多说的道理，却把很多有才华的人挡在写作的大门之外。

因为他们过不了心理这一关。写作是一件会带来压力的事情，但对于这种压力，绝大多数人都理解错了。你有交稿时间的压力，面对外部评判的压力，也会面临无人阅读和长期无人问津的压力，你还可以有内心欲望的压力，甚至可以有长时间坐在椅子上屁股感到不适的压力，但唯独不应该有担心自己写不好的压力。

因为写作的真相就是，你永远也写不好。对，你是永远也写不好的，是永远。写作的真相就是，它是一门遗憾的艺术。

《高效能人士的七个习惯》的作者史蒂芬·柯维，是在80多岁时去世的，当有人问他，你最喜欢自己这辈子写的哪本书时，他的回答是，下一本。什么是作家，作家就是一个永远期待下一本书会更好的文学创作者。

单说语言语法，几乎每一本书都会有一些错漏，有人在这些年获得“茅盾文学奖”的部分作品中找出了很多错误，包括《尘埃落定》《无字》《暗算》《秦腔》《额尔古纳河右岸》《湖光山色》《推拿》《蛙》等名著。错误主要集中在三方面：词语的误解误用、知识性错误和错别字。

张爱玲的散文《天才梦》里有一句话：“生命是一袭华美的袍，上面爬满了虱子。”这句话广为流传，但是如果非要挑错，也能挑出不少问题。有人说这是个病句，“一袭”的用法有误，“袭”本用于成套的衣服，“一袭”即一套，指上下两件，古代文献中就有多处“赐衣一袭”的记载。像这种观点，除了让人无语，还能有什么作用？

文字本身就是低效且不精准的。作家黄桂元说，生活实用语言与文学表现语言的功能是有显著区别的，不可相提并论。前者仅仅是日常生活的信息传递手段，以明白晓畅、易于沟通为原则；后者则属于艺术世界中的特殊语码，注重暗示性和隐喻性，意在唤起人们对于生活和世界五味杂陈的多重感受，以实现“陌生化”效果。

艺术的朦胧、混沌本身就是一种美，要是把《蒙娜丽莎》的精细度提升到相片的像素，它还能有现在这么大的影响力吗？文学作品的创作受到各种局限，写作的不完美是必然的。以下四个局限是写作过程中经常面临的情况。

第一，错误的局限性。除了语言本身就是错误重重之外，观点错误也是再正常不过的事情。科学精神是用来干什么的？科学精神就是用来修正的。错了，才有怀疑，才有辨析，才有纠正，才能进步和迭代。

第二，时代的局限性。作品的不完美也不是你通过努力就能克服的，此话怎讲？你身处2020年，你的思想就会被这个时代普遍认同的思想所禁锢，就像假如你身处三国时代，你的资料有限，无论如何你也写不出《人类简史》这样的书，这就是时代的局限性，再聪明的人，也要受时代的局限。

第三，年龄的局限性。假如你今年 30 岁，那你的文章就是你 30 岁时的所思所想，等到了 40 岁的时候，你会有全新的感悟。你借不了未来的智慧，你只能表达此时此刻的看法，你大脑中的知识结构、思想蓝图、生活经验，只能支撑你对当下的世界做出一定的回应。那你就不表达了吗？并不是，准备是没有尽头的，所谓尽头，也就是死亡而已。在能表达的时候，就要充分地表达，每一次表达都是有价值的。

第四，自身状态的局限性。状态好和状态差时写出来的是两种完全不同的东西，人的身体状态有波动是正常的，任何创作都有高峰期和低谷期，这是没有办法避免的。

由此可见，时代的局限性没有办法被打破，你不可能穿越，不可能变年轻或是提前体验老年的智慧。那么在有限的条件下，能让你的文章达到最高水平的办法，就是调整你自己的状态了。

写作的真正压力在于写不好也要完成它

好的作家拼到最后其实拼的都是体力，笔耕不辍永远是对好作家的最大赞誉，至于作品好坏，其实也无关紧要。纵观一位作家的一生，总有一些作品好，一些作品不好，大部分反响平平，这是正态分布所决定的，所以你要学会调整自己的状态，让自己修成日日功，成功跻身一流作家的行列。

既然写作天然不可能完美，那写作真正的压力在哪里呢？“和菜头”说，在于完成一件事的压力。写一篇文章是一次漫长而痛苦的自我挣扎，你大概有30%的精力要花在构思内容上，剩下70%的精力要花在自我怀疑和自我否定上。一次完整的写作，就是一次完整的历练。

对于完美主义者来说，后者的比例可能在95%以上。在这样巨大的心理压力之下，如果你到最后还能完成这篇文章，并且发表出去，那你就是非常了不起的。

文章的好坏根本不重要，重要的是你完整地经历了一次创作，而且是在沉重的心理压力和干扰下完成的。

有一句话说，所有的表达者都是伞兵，跳伞的时候，下方全是敌人，一个伞兵的命运就是要被包围的，要想不被包围，最安全的做法就是待在飞机上。创作也是一样的，要想不面对他人的评判，最安全的做法就是什么也不写，但那是懦夫的行为。

既然写不好，为什么还要写？

因为别无选择，你可以通过其他手段来表达，那是你的自由，但是假如你有天赋，语言就是最直接的手段。乔布斯说，“我们试图用我们仅有的天分去表达我们深层的感受”。有人通过政治，有人通过商业经济，有人通过读书写作。如果你的天赋恰好被划分在了读书写作这个区域，那你真的是别无选择，你只有通过不断地写，不断精进自己的技艺，来回应你的天赋。不管你尝试多少回，社会总会把你引到这条路上，逃也逃不掉，躲也躲不开。

既然躲不开，那就只能直面挑战，谁让老天就给你发了这张牌，你只需要负责把它打好。写不好，难道还写不差吗？实际上真实的情况永远是这样：你写着写着，无关好坏，突然有一天，你会发现，自己写得没那么差了。

为什么你需要一个“小黑屋”？

在相对封闭的环境中更容易创作出伟大的作品

有人说，对一个人最大的惩罚，就是把他关进一个小黑屋。

听说在军队里如果士兵犯了错误，就会被扔进一个如同单人厕所般的小黑屋，吃喝拉撒都在里面，再厉害的人也熬不了几天。有一个新兵，因为偷了战友的军大衣，被关了整整十天禁闭，出来的时候话都说不利索了，虽然身上没有一处伤口，但浑身不停地发抖，送到医院后不久就被勒令提前退伍，士兵生涯就此结束。

不过也有例外，法国作家亨利·查理尔在监狱里被关了七年小黑屋，一天就靠一点水和蔬菜豆子过活，最后依然活了下来，还成功越狱，逃出了恶魔岛，不得不让人感叹其生命力之顽强。我想，如果当时监狱长给他一支笔，也许一位超级伟大的作家在恶魔岛就诞生了。

写作绝对是个反人性的事儿，厉害的作家，总是在相对封闭的环境中创作出伟大的作品，外界的诱惑越大，写作的过程越困难。就像在几百米高的悬崖间走钢丝，如果乌云密布，刮着大风，是很难保证不掉下去的。

怎么才能坚持写作？怎么才能笔耕不辍？怎么才能修得日日不断之功？答案其实很简单，你敢于把自己关进小黑屋吗？说来也蛮有趣的，最优秀的作家也是敢于把自己关进小黑屋最久的人。

我说的作家的小黑屋和那种实体的小黑屋不一样，作家的小黑屋是思想上的小黑屋。在思想的小黑屋里，你需要时时刻刻去琢磨、去思考、去观察、去关联、去深挖、去推进，并且长期维持这种状态。它有副作用，即一个人会对生活的琐事不关心、不敏感，生活的琐事犹如被嵌入了小黑屋的墙壁中，似乎有，但总是视而不见。这样做换来的是对思想世界极其敏感的洞察力，是和伟大人物沟通交流的能力，是和自己灵魂对话的机会。在这样的小黑屋里，更有机会创作出伟大的作品。

有没有主动把自己关进小黑屋的？有，但是很少。

老子当年满腹经纶，学富五车，但是他也克制不住爱玩的天性，整天就知道游山玩水。有一天他骑牛出关，结果被他的朋友函谷关关令尹喜挽留，恳请他写出书来再走，老子拗不过，只好大笔一挥，《道德经》就这样问世了，为人类留下了传世的思想宝典。

现在看来，尹喜真是一位好的出版人，会逼作者创作，但我认为这远远不够，我要是尹喜，遇到老子这么有才华的人，就直接把他关进小黑屋，想出去玩，没门儿，不出十本书休想走出这间屋子。伟大的作品总是要有伟大的出版人，出版人是干吗的？是对抗作者惰性的。

李敖写过一篇文章《新下蚕室条例》，我当初在读这篇文章时，犹如被狮子吼过般醍醐灌顶。什么叫下蚕室？古人受过宫刑之后，不能吹风着凉，要把人放在一个养蚕那样密封的房子里复原，这就是下蚕室的意思。说白了，就是把人关到一间医务室似的小黑屋里。

刚出生的蚕宝宝，也要在密封的环境中吐丝，这样一对比，读书人和蚕宝宝还真有惊人的相似之处。

蚕宝宝在蚕室里干什么？吐丝。把一个读书人关到小黑屋里干什么？写书。蚕吃桑叶，就和读书人看书一样，都是在摄入能量。蚕吃够了，就好比读书人看够了，该表达一些东西了。蚕把自己封起来吐丝，就好比读书人把自己关起来写作。

蚕吐出的丝对人是有益的，而且这也是它的本能和天职。读书人也一样，写书就是责任和使命。如果一个读书人只看不写，那就是自私、懒惰、逃避责任、欠债不还。所以李敖提出，应该颁布一个条例，规定读书人必须在一段时间里把自己关起来，逼着他们写上十年，然后放出来让他们懒十年，之后再关起来写十年。

我觉得这个想法真是妙极了，当然这也只是对有心做学问、奈何太懒抵抗不了诱惑的人而言，要是对无心做学问的人使用这种霹雳手段，那就真成非法囚禁的犯罪活动了。

无法坚持写作的三个原因

你可能会说，我也有心创作，但没有准备好，等有一天我把书读够了，准备充足了，学富五车了，满腹经纶了，足够成熟了再开始写也不迟呀。

这个想法就大错特错了。成熟哪有标准，何时才算成熟，以后是什么时候？哪有那么多以后，所有的理由都是遁词，你无法坚持下去无非只有三个原因。

第一，太懒。

很多人以学习为荣，将喜欢阅读作为某种优越感的来源，我们总是看到很多人“晒”自己的读书成果，这当然也没错，但是说白了，读书相对写作来说，是一件很简单的事儿。读简单，写很难，读书轻松享受，写书痛苦磨人。读书的时候，你可以喝着清茶，清风拂面，不紧不慢地进行，而写作就要苦哈哈地埋头啃，冥思苦想，最后一个字一个字地落在纸面上。这个过程你要完整地跨越身体和心理上的重重障碍，才能勉强完成一篇一般般的文章。之后挑战才正式开始，你还要面对无人问津，或是别人指指点点的压力，何其艰苦。面对这么复杂的事儿，大多数人都很懒，懒是正常的，不懒反而不正常。

第二，搞错了阅读和写作的顺序。

很多人看起来勤勤恳恳，又读书，又记笔记，又爱参加各种学习讨论会，一年到头看似风风火火，但一部好的作品都没有，乱七八糟的东西反倒收集了一大堆，这就是颠倒了学和写的顺序。聪明人都是以写为主，以学为次，以写代读，为了写书而读书、查书，一切以填满电脑上的空白文档为主，旁边堆的一摞摞书都是资料而已。这样一天天下来，一年写几本书，上几十门课，做几十场讲座，不仅自己赚得盆满钵满，还给社会做出了贡献，这是聪明人。

第三，太脆。

这里说的脆，是经不起打击，受不了挫折，经不住负反馈。我发现，知识分子的自尊心总是很脆，这可能是因为社会化程度不高，总与社会脱节，不像创业者那么“皮糙肉厚”。很多人的自尊心犹如薯片，一掰就碎，经不起任何磕磕碰碰。别人指点两句，就弃笔不写了，哀叹自己没有天赋。发出去的文章没人回应，就感觉受到了侮辱。遇到失恋、失业，就要死要活地消沉几个月，伤春悲秋一番。其实真正厉害的作者都具有创业者的特性，瞄准一个方向，整合资源，打定主意后，管它三七二十一，埋头写个几百万字再说，是骡子是马拉出来遛遛才知道。

最后发现，其实市场最公平，市场总会给你公正的答案，行就是行，不行就是不行，行了恭喜你，不行就要改。第一本书、第一篇文章要抱着就是随大流的心态去写，第二本书、第二篇文章要抱着就是练练手的心态去写，不管别人说三道四还是骂你，笑笑继续做自己的事儿，哪怕 99 本书都不算好作品，也总有一天会有一本旷世经典出现，这才是牛人写书的心态。

有一句著名的话：业余者才讲灵感，专业人士只是每天早上准时开始工作。也许你根本不用去管什么天赋、运气，你需要的只是一个“小黑屋”和一个你不交稿就敢哐哐砸门找你的人，不久以后，你就会被自己的才华惊艳到。

如何建立与表达自信？

过度自信与过度自卑

过度自信总是会引来失败，骄傲使人毁灭，谦逊让人美名流传，我们总是在讨论过度自信的危害，可是我发现，相比于过度自信，过度自卑的危害更大。过度自卑就像一个铁笼子，把人的灵魂牢牢地锁在里面，更可恶的是，自己还把钥匙放进炮筒发射到大海里，判了自己无期徒刑。

这个世界到底是过度自信的人多，还是过度自卑的人多？我没有查到专门的统计数据，不过我们通过机场书店摆放的各种励志书来看，应该还是对自己信心不足的人多一些，否则怎么会有那么多作者教人如何自信，却几乎没有作者教人怎么谦卑呢？

我有一个好朋友，他不管做什么事情，总是缺乏自信，说话畏畏缩缩，对自己的能力也缺乏客观的判断，一遇到具有挑战的事情，头脑中冒出的第一个关键词就是“我不行”。

有时候我很生气，心里埋怨他真是烂泥扶不上墙，有时候我又很严厉，恨不得给他脑袋里硬塞一些叫作自信的能量，但就是不管用，他就像一台 20 世纪的老爷车，连上路的勇气都没有。

其实我说的这个朋友，就是以前的自己。

我以前是个典型的没有自信的人，特别羞于表达，说一句话都要在脑海里打上无数遍草稿，然后模拟出无数种别人糟糕的反馈，最后再自我批评一番，才敢说出自己的想法。

现在想想，倒无羞愧之感，只是觉得那种状态实在没有什么必要，浪费了很多机会和时间。

为什么不敢表达自己的想法

也许是很小的时候，脑子里无意识地被装进了很多弹幕：“你不行”“这个事情做得真烂”“简直是乱七八糟”。周围的人总是告诉你这件事情你不行，那件事情很难，你犯一点小错误就会遭到强烈的批评，长期处在这样的环境下，就会习惯性地自我批评，对自己非常不友好。

或是在不切实际的高期望中活着，慢慢养成了一个错误观念，下意识地觉得成功是正常的现象，而失败是非常不正常的。进入社会后发现，现实往往是反过来的，失败是非常正常的，而成功是偶然的。长此以往，持续的挫败感把信心一点一点地消磨没了，最后只剩下一堆对自己能力不切实际的幻想。

又或是太在意别人的眼光，总觉得自己的每一句话都有人关注，每一个动作都会受到控制，仿佛是活在舞台中间，聚光灯下，一举一动都会受到别人的注视。非常在意别人对自己的评价，听到一句夸奖，能瞬间达到颅内高潮，听到一句差评，情绪能瞬间跌到谷底。

借用一句通俗的话来说，幸福的生活总是相似的，不幸的生活各有各的不幸，自信也是这么一回事。也许以前由于100种理由没有建立起来对自己的信心，但总是追根溯源似乎也意义不大。我属于行动派，喜欢通过改变行动调整心理问题，所以我也不想再挖深层次的原因了。我们要想的是，如何做才能让自己变得有信心。

在写作领域，市场会奖励有信心的人。一名作家的成就，是由所有作品中成就最高的那本决定的。假如你有99本书写得很普通，但是有 1 本写成了超级畅销书，那你就是一名成功的畅销书作家。

所以想要做一名成功的作家，对自己有信心尤为重要。

建立与表达自信的三种方法

第一，远离负能量的人。

如果你有基本的社会经验就会知道，这个社会是有坏人的，这些人出于某种原因，没有发展出同理心，缺乏基本为人的道德观念，同时也是法盲，喜好以残害别人为乐，这样的人有，但总归是少数的。同样，还有一些人由于受外部环境影响，没有发展出健康的人格，总是带有负能量，以打击别人、贬低别人为习惯。和这样的人长时间在一起，潜意识总是会受到影响，他们的话会一遍一遍地出现在你的脑海中，在你需要做决定的时候，突然跳出来左右你，甚至会内化成你自己的想法。美国社会学家查尔斯·库利曾经提出了“镜中我”理论。他认为，每一个人对他人来说都是一面镜子，大家都是通过假想别人会怎么看待自己，然后结合自己的想法形成了自我概念。别人的话，不管有没有道理，作为环境中的背景音乐，一定会影响到你。经常和正能量、能力强的人相处，你会从他们的身上汲取到很强的动能，榜样的力量是无穷的，慢慢地，你也会对自己越来越有信心。

第二，掌握足够多的信息。

心理学家说，人的信心和信息的积累有关。假如一个人对国际政治一点都不懂，突然让他去台上发表政治演说，他能有信心吗？他一定是没有信心的，这和所谓的人格特质无关，只和实际掌握的信息量多少有关。

当一个人没有任何信息和知识的时候，他是没有自信的。随着信息越来越多，一个人的自信心就会越来越强，自信心越强，对未来的预期就越好，尝试的事情就越多，反馈也越多，自身的能力也会随之增长，这是一个正反馈。但是能力的增长是会封顶的，没有任何人的能力可以无限增长，到了一定程度后就会停下来。不过信息是可以无限增多的，当信息的获取数量超过了能力的增长，一个人就会表现出过度自信。过度自信不是好事，它容易让人犯错，让人变得愚蠢，但是从错误中成长总归是有效的。相较于畏首畏尾，从来不敢踏出舒适圈的人来说，过度自卑、自信心不足的危害更大。这中间的平衡很难拿捏，不卑不亢是理想的状态，但正因为理想，能做到的人微乎其微。如果一定要选，过度自信总归是一个更好的选项。

第三，制作成就清单。

所谓的自信，最关键的是自己相信自己，要想说服别人相信自己，首先需要拿出过硬的证据来说服自己相信自己，否则就是成功学中的自我催眠。证据来自哪里？来自你平时在无数件小事上的积累。为了说服自己，你需要给自己制作一个专门记录成功的成就清单。成功才是成功的母亲，失败从来不是，成功的次数越多，一个人对未来的预期越是乐观，这是由我们天生的思维方式决定的。可什么是成功？这就需要一个定义，为了让自己动起来，我们姑且把达成自己设定的目标视为成功。如果以这个为定义，那早上按时起床算不算成功？算。准时赴约算不算成功？算。按照计划完成了工作算不算成功？算。有的人总是给自己设置过高的预期，然后用不断的挫败感来自我毁灭，而聪明人总是设置合理的目标，通过一次次的小成就来堆积自信的基石。从现在起，你也许需要一个成就清单来给自己积累成功的证据，每当失去自信的时候，就拿出来读一遍，只此一招，注意力就会被引导到正向的立场上，你会在这个人为制造出的正能量磁场中受益无穷。

写作的自信来自有效的反馈，你知道自己写得不是很好，但这是你所能尽的最大努力了，哪怕发表出去后被人诋毁了，也不用理会，那种全盘否定又无建设性的评判毫无价值。

如果有人提了一个建设性的意见，帮助你改进了，让你获得了提升的抓手，就要表示感谢，他是你的贵人，还要把他的建议用在下一篇文章里。用不了多久，你就会发现自己是能和外面的世界过几招的，现实也没有想象中那么可怕，当你获得三次以上有效反馈时，自信就建立起来了。要相信，自信是一种选择。

第三章

写作核心技巧解析

如何进入创作的心流？

什么是创作的心流

写作中哪一步最困难？当然是开始写最困难。

写作这件事儿，很多时候像是玩多米诺骨牌，只有推倒了第一块，后面才会跟着倒下去，只有写出了第一句，后面才有第二句跟着出来。整个过程就是：一句推着一句，一段牵着一段，最后一篇接着一篇，一本跟着一本。所以怎么开始写作？有时候你需要做的，就是坐在凳子上，先写五分钟。

每一次写作的过程，就和爬一座高山一样，是个艰辛、痛苦，又伴随狂喜的过程。

虽然很爽，但是你每次发动它的心理成本是很大的。

这个成本有多大？很多时候，大到你自己没有办法克服，必须要借助外部环境来帮你克服的程度，你需要把自己置身到一个磁场中，这个磁场能逼迫你一步一步达成自己的目标。

我常常想，有没有什么办法，可以让写作的过程跟打游戏的过程一样，快速进入忘我、不费力、停不下来的状态，也就是所谓的心流状态。

什么是心流？心流这个概念是由米哈里提出来的，很多人都在追求这种做事儿不费力，充分调动自己身体潜能的巅峰创作状态。听起来很美好，但是真正要进入，还需要一些技巧。写作和打游戏不一样，没有电光火石的游戏特效，只有大脑中看不见的电磁风暴，一不小心，就会进入混乱的精神状态。

米哈里提到过一个概念——精神熵。他说："每当资讯对意识的目标构成威胁，就会发生内在失序的现象，也可称为'精神熵'，它会导致自我解体，使效率大打折扣。这种状况若持续过久，将对自我造成严重的损害，使自我再也不能集中注意力实现任何目标。"说白了就是，信息看得太多，不知道怎么取舍和整合，脑子乱了。

我创作的时候也时常遇到这种情况，资料是看了一堆，但是当天却再也没有办法写出一个字，我把这种状态称为破功，必须等到睡一觉之后，重新整理状态，才能再开始工作。

其实这种混乱的状态是常态，我们现在的时间太碎片化了，所有的信息时时刻刻都在想方设法分割你的注意力，毕竟对外部的信息制造者而言，你的注意力就是可以兑换的金钱。要想把时间和思绪集中起来，真可谓是一场个人和世界之间的注意力保卫战。

当然有时候我是有这种感觉和状态的，但是有时候又没有，怎么也进入不了心流状态，就像潜水的时候，不由自主地被浮力往上推，就是沉不下去。

不过后来次数多了，也慢慢总结出了一套经验方法。我认为最有效的还是塑造环境。环境一旦塑造成功，行为自然就会跟着改变了。

这方面的经验，古人早就总结出来了，古人写书，通常叫作“退而著书”。退到哪里去呢？退到自己的小天地里，退到社会边缘，退到一个自己想象的结界中去。为什么退？你以为是自愿的吗？不是，原因很简单，因为进不了。大多数文人在社会上总是碰壁，头破血流，处处失意，这些人都是心里郁闷，得不到宣泄，所以才喜欢追溯以往的事情，躲在想象中的虚拟空间，寄希望于后人，渴望通过后世之名，弥补现世的遗憾。

司马迁在《报任安书》里写道：周文王被拘禁而推演出《周易》；孔子受困厄而著《春秋》；屈原被流放才写出《离骚》；左丘明双目失明，写出《国语》；孙膑膝盖骨被剜而编写出《孙膑兵法》；吕不韦迁居蜀地，《吕氏春秋》才得以流传于后世；韩非在秦国被捕下狱，写出了《说难》和《孤愤》；《诗经》三百篇，大都是贤人、圣人为了抒发内心的愤懑而作的。

所以，古代那些著书立说，传授各种成功方法的人，往往都是在传统社会体系中找不到自己位置的“失败者”。不过好处就是，这种极端的环境，往往能激发一个人最大的创作潜能，最终让他们获得了比世俗成功更大的成功。

这是古人因为外界环境的改变，不小心逼出了自己的创作潜能的实例，由此可见环境绝对是有巨大影响力的重要因素。

斯蒂芬·金在《写作这回事》中写道，所有作家都需要“一扇你愿意关上的门”。一个远离干扰的空间对任何写作项目来说都很重要。对斯蒂芬·金来说，也许就是一间关着门的书房；对J. K. 罗琳来说，也许就是楼下的咖啡馆。一个创作者但凡想要进入心流状态，想要深度思考，整合资料，都需要关上一扇门，做到这点，心流出现的概率就会大大增加。

快速进入心流的三个要点

第一，你需要一堵墙。

一堵墙就是把你隔绝起来的空间，也许是书房，也许是阳台，也许是深夜的某个地方，什么都行。只要保证这里没有人能随便推开门，没有人能随意把你从椅子上拉起来就行。我有一间书房，房门有锁，虽然我知道一般也不会有人随便进来，但是这把锁可以给我带来心理上的安全感。当然这还不够，我在需要进入心流状态时，会把所有的通信设备都关掉，只留下一部手机专门用来查找资料、一台装不了游戏的电脑专门用来写作。这一招虽然不能保证自己每一次都能进入心流状态，但是如果不用，那十之八九就会被其他信息带跑。

第二，你需要一束光。

一束光是指一个黑暗空间里只有一束光照着你的工作区域，这样的设置也是为了集中注意力，不让目光在工作室里四处游移，进一步把注意力锁死在电脑上。为了达到这种效果，我在白天也经常会拉上窗帘，模拟晚上的环境。这样的环境还有一个好处，就是可以暂时关闭脑海中的批判小人，让写作的阻力更小。

对我来说，黑暗的环境总是令我的创造力更强，思维更发散，更加自我一些，也许这就是大多数作家都是夜猫子的原因。

第三，你需要一条路。

路是指你的目标要清晰，路径要明确，要知道自己想去哪里，还要知道怎么去，用一句话总结，就是要知道自己要写什么以及怎么写。既然置身于这样的环境中，不到迫不得已，就不要去查阅更多的资料，因为这是之前已经完成的工作，你需要做的就是把已经收集到的资料深度整合，让它们变成文档里一个个有灵魂的符号，一个个有框架的理念，一个个组合而成的晶体，这是你通向成功的唯一道路。

其实我每次对别人说自己如何对抗干扰的时候，总是有点感慨，因为这些所谓的干扰，其实也都是自找的，朋友圈、新闻、游戏、电话，都是我们逃避痛苦的手段。所以与其说如何管理自己的注意力，不如说如何管理自己的痛苦，都是受苦，无非是选择哪一种罢了。

爱因斯坦认为，进入科学殿堂的有三种人。第一种人智力超群，进来就是为了出人头地。第二种人做科学研究是享受。但科学的殿堂之所以是殿堂，不是因为前两种人，而是由于第三种人的进入。他们出于对世俗生活的厌倦，走进科学的世界，只有这样的人，才有可能真正进入科学殿堂。至于心流，是老天给的额外奖励。

怎样选一个好选题？

为什么要选一个好选题

郑板桥说：“作诗非难，命题为难。题高则诗高，题矮则诗矮，不可不慎也。”选题这件事儿，和选对象、选创业伙伴一样重要，选得好，事半功倍，选得不好，吃力不讨好。

我做解读图书工作的时候发现，从数据就可以看出，书选得好，收听的人就多，书选得不好，解读得再好，也没什么人听。

因此选题对了，你就成功了一半。胡适当年做了一个考据，好不容易做完，还挺得意扬扬的，结果拿给陈寅恪一看，得到的回答是：还行，不过这个问题清朝人已经解决了，而且比你还多几个证据，换句话说，你的工作白做了。我觉得胡适挺冤枉，选题不一定非要标新立异，一个选题，如果重要，就要不断地写。重要的观点必须反复阐述。在反复阐述观点的过程中，既正着说，又反着说，才能把问题说透彻。正如科学家、哲学家拉卡托斯所说的，科学不是出现在“硬核”，而是出现在“保护带”。

那些不重要的、过时的题目，确实没有必要再选。选题选错了，还没开始，就注定了会失败。如何进行选题，很见功力，也很见才智。

有人说，好的选题一定是一座桥梁，而不是一个终点，它不仅能够让人们到此一游、徜徉其中，而且能够连通此岸与彼岸，以渡求知者。

好选题的三个特性

首先，有用。

很多人可能都读过费孝通的《江村经济》，这本书是费老的博士论文和成名作。在今天看来，这本书非常简单，为什么它在当年会引起那么大的学术轰动？有一个原因是当年外国读者对于中国农村的实际状况所知甚少，这本书对中国农村的描述与分析，对海外学者了解和研究中国农村具有不可替代的参考价值。

有用、实用、用理论指导行动，永远是求知的首要目标。

其次，公共性。

一个男生向心仪的女生告白失败了。假如你写一篇文章来解释告白何以失败，不管写得多么出彩，都只解决了男生的个人困扰。假如你写一篇文章来回答男女婚姻市场为什么结构失衡，那么，它就是一篇解决公共困扰的文章了。两相比较，其学术价值不可同日而语。

项羽小时候不爱学习，学书不成，学剑亦不成。眼看着项羽文不成、武不就，项梁大怒。项羽说："书足以记名姓而已。剑一人敌，不足学，学万人敌。"于是项梁教授项羽兵法。如果说，解决私人困扰是"一人敌"，那么，解决公共困扰则是"万人敌"。选题最好是选众人关注之事，选题越受众人关注，回答得越好，便越能造福社会。

如何将选题做得更有公共性？可以借鉴埃米尔·迪尔凯姆的经典著作《自杀论》。它的研究对象不是一个个的自杀案件，而是自杀率，研究不同群体、国家的自杀率及其社会变化，进而探究人与社会的关系。自杀可能是个人问题，但是自杀率却一定是公共问题。

最后，经验性。

没有调查就没有发言权，研究者在选择题目之前必须有一个清醒的认识：自己是否有相应的经验支撑。如果没有，是否可以通过调研等方式加以补充完善。缺乏经验支撑的选题，不论大小，都易走空，最后做出来的成果也很难做到深入、新颖，甚至连自己都说服不了。

何帆说，不好的题目往往有这么几类特点。

要么太大。比如，中国宏观经济研究，这不是一篇文章的题目，就算写一本书也显得题目太大，这是一门课的题目。同理，中国国有企业改革研究、中国城市化研究，都是大而无当的题目。

要么太难。有些题目，比如，中国经济向何处去、中国的国际战略，也不适合学生，他们功力不够，很难驾驭这些宏大的题目。

如果一个题目所有人都没有写过，那很可能是因为：第一，这个题目太难；第二，这个题目是错的。这种题目不要轻易去碰。最适合作为选题的是那种已经有人写过，但写得不是很好，读起来意犹未尽的题目。

换言之，你洗澡的时候得到了一个灵感，这很重要，但这不是科学。科学是你在论证自己的观点时，不得不面对来自各方的批评，你要修筑护城河、战壕、铁丝网保卫自己的观点，这些“保护带”才是科学。所以，即使是自己说过的东西，也可以不断深化，不断升华。好的经济学家就是不断坚持并证明自己的观点。卢卡斯就是不断说“理性预期”，说了20年，获得了诺贝尔经济学奖。

其实最终，好的选题一定是你关心的，能触动你、激发你好奇心的选题，它最开始都是由一个疑问引发的，带着疑问，带着对世界的好奇，自己提出问题，自己找到答案，这是一件非常有成就感且美好的事情。

如何搭建写作结构？

大道至简， 内有乾坤

我特别喜欢八个字——“大道至简，内有乾坤”，我感觉这八个字越读越有味道，放在内容创作领域尤为合适。

很多人拿到一本书，一篇文章，第一感觉就是混乱，怎么看不懂啊，乱七八糟的，一会儿跑到这边，一会儿跑到那边，作者到底想说什么？通俗点说，就是被“溺死”在了信息的海洋里。其实你只要抓住“大道至简，内有乾坤”这八个字就行了。

什么是至简？就是指结构。任何文体都有结构。透过结构揣摩作者的行文思路，再复杂的文章也会立刻变得清晰简单。

什么是乾坤？就是指内容，在简单的结构中填入丰富的内容，文章就会饱满而有力。

为什么那么多人的文章写得奇烂无比呢？因为他们太想写得文采飞扬，太想写得有规格了，结果反而忘记了最根本的事情：写东西不是为了炫技，而是为了让别人看得懂。能用简单的语言、简单的结构，把复杂的事情用三言两句说清楚、说明白，就是功力。

文章的套路和结构

学术论文有学术论文的套路和结构，先提出问题，再综述文献，然后构建自己的模型，接着是统计检验，这样写别人才会觉得专业。

政府公文有政府公文的套路和结构，先讲形势，再总结过去，讲完成绩，就说问题，最后是对未来的展望，这样写才不会出错。

短视频脚本有短视频脚本的套路和结构，开头一句要提一个问题，中间要讲一个场景，最后要升华两句，这样写出来的内容才容易抓人眼球。

演讲稿有演讲稿的套路和结构，开头部分要和观众产生共鸣，中间部分要说有趣的故事，结尾要引人深思，这样的内容别人才会觉得有价值。

文艺作品也是一样，写诗要有格律，写小说要有类型，写好莱坞剧本你只有按照坎贝尔《英雄之旅》的模型来写，制片人才敢把钱投给你。

《红楼梦》中写道，“世事洞明皆学问，人情练达即文章”，即要把人情世故当作文章。社会交往也是极其讲究结构的，谈恋爱得按照关系递进、热度升级的原理推进才能成功“脱单”，太莽撞或太啰唆都会毁了一段缘分。

要通过外表、角色、资源、能力圈和存在感五个层面来判断，才能由表及里地看透一个陌生人，否则很容易被其外表所骗。

思考、做事、解决问题、整合资源，万事万物都有结构和套路，先搞懂套路，站在前人的肩膀上，才有资格标新立异，才有资格探讨创新，否则就会像个懵懂无知的少年，不知深浅，不知分寸。

写作就是把网状的思想，用树状的结构，线性地表达出来。这里说的树状的结构，就是一个关键所在，它考验的是作者有没有谋篇布局和清晰思考的能力。

搭建好文章结构的三个层面

我总结了一套规律，将文章结构分为三个层面。

第一，段落结构。

第二，文章结构。

第三，布局结构。

首先，要学会写一个完整的段落结构。

以最常用的说理性文章举例，一个完整的段落需要有论点、论据、论证。论点要前置，最好放在段落的第一句。论据之间要有逻辑关系，递进也好，并列也好，都可以。论证要严密，举例论证也好、对比论证也好、因果论证也好、引用论证也好，总之要说清楚。

如果你看过综艺节目《奇葩说》就知道，一个题目抛出来，正方和反方同时开始论证自己的立场，你看他们口沫横飞，感觉句句在理，但是如果把他们的立场对调过来，选手又有能力立刻把之前自己说的所有论据通通推翻，从相反的角度说得头头是道。高手都是有这个特质的，他们不在乎论点是什么，从任何角度都能想方设法说服别人。

其次，要大致在心中描绘出你要写的文章结构。

写演讲稿、说书稿、公众号的说理性文章，都是一个套路，文章也有自己的结构，这里我和大家分享一个万能公式，就是三段式万能结构。以我经常写的说书稿为例，说书稿是一种比较特殊的稿件形式，你需要在 20 分钟内，把一本几十万字的书里的精华提炼出来，这就需要非常强的概括能力和总结能力。当你拿到一本书，你如何给别人介绍这本书呢？这就要有一定的结构了。这个结构就是，第一段，要产生连接，即要把书里的观点和听众知道的常识结合起来，激发听众的兴趣。第二段，用最小的表达单元来表述，平行地往下罗列。你只说一个观点，可以，那基本上就是一个五六分钟的节目，你要说八个观点，也行，加起来就是一个小时的节目。其实不论节目多长，往小了看，都是由最小的表达单元组成的。第三段，要进行升华。我个人认为升华是非常重要的步骤，也就是文章的最后一个部分，你的观点是什么，你想要别人做出怎么样的改变，如何引导他们的思想，这些都是在最后一个部分体现出来的。所以最后几句话是你需要格外重视的部分，它体现了你的主张、立场、水平，还有写作的意义。

最后，放眼布局结构。

这是什么意思呢？就是通过归纳的方式让想表达的概念有一

个框架。比如前文提到的例子，史蒂芬·柯维的《高效能人士的七个习惯》，你怎么知道高效能人士只有七个习惯，那我再加两个习惯行不行？当然行，理论上也是可以无限加的，但是说成七个，他的理念就非常好流传，他好写，你也好记。星座也是一样，漫天的星星谁都记不住，古人用自己的想象把其中几颗星星连起来，最后加一个故事，就变成了现在男女之间谈恋爱必须知道的元素。知识要有结构化的表达，才会插上传播的翅膀。你在写一篇文章的时候，也可以用到这个技巧。

通过一篇文章的骨架来搞清楚作者的意图，是所有厉害的人都在采用的方式，一定要理解结构的作用。

如何讲好一个故事？

我们为什么要讲故事

很久很久以前，有一个小姑娘，名字叫真理，她长得很漂亮，心地也很善良，但是有一个缺点，说话太直，总是不给别人留情面。有一天她来到一个村庄，每到一户人家，都惹得那一家人不高兴，最后，整个村子的人都开始讨厌她。

真理感觉很委屈，一个人躲在树林里哭泣，这时候路过一位老婆婆，她把真理带回家，送给她一件漂亮的衣服，这件衣服叫作故事。

真理穿着故事的外衣重新回到村庄，结果每个人都喜欢她，给她最好吃的食物，给她最好喝的茶，真理受到了大家的热情款待。

这则寓言故事我很早之前就看过，但是画面感实在太强，每一次回想起来，我都能想象那个在树林里瑟瑟发抖的，叫作真理的小姑娘。

为什么真理只要披上故事的外衣，就开始受大家的欢迎了呢？因为我们人类天生就长了一个爱听故事的大脑，没有长爱听道理和事实的大脑，除非是受过长期科学思维训练，具有批判性思维和独立思考意识的人，但这类人在目前的社会中毕竟是少数。

想象一下，在很久以前，我们的祖先在外面折腾了一天，搜集食物、与野兽搏斗，好不容易回到自己的山洞里，围着篝火，哈欠连天，开始清点一天的收获，然后每个人开始讲述自己一天的经历，可能是吹牛，也可能是陈述事实，但都不重要，重要的是大家开始通过诉说自己的经历，倾听别人的经历，来了解这个世界。

为什么要讲故事？社会心理学家认为，一个人讲“故事”，会激发另一个人想起相关的“故事”，故事开始之后，听众的大脑在一定程度上就成了讲故事那个人的大脑的镜像。当我讲到情真意切之处时，听众也产生了相同的感觉，就跟看电影一样，这就是故事的魅力。

故事的套路

故事有没有套路？有，而且套路非常多，最典型的要数神话学家坎贝尔在《千面英雄》中提出的模型，坎贝尔分析了古往今来各种文明下的神话故事，发现他们都在讲同一个模型，好像是一个戴着各种面具的人，在做着同样的事情，演着同样的故事。

故事大概分为三幕。

第一幕讲的是英雄在新手村。他听到了某种召唤，这个召唤让他去冒险，但是此时英雄一定是犹豫的，他不太愿意离开自己的家乡，离开自己的舒适区，这种心态其实代表着大多数人对待挑战的第一反应。谁会不经过思考就去未知的地方探索呢，这种人估计都被进化的剪刀修理得差不多了。但是英雄终归是英雄，上路了才能有故事，有一天，他遇到了一件事，不得不开始自己的旅程，从一个熟悉的世界，来到一个陌生的世界。当英雄跳出舒适区的时候，故事正式开始。

第二幕讲的是历险的过程。这个过程当然会有挫折，会有迷茫，会有痛苦，没有这些故事就是不完整的，甚至称不上是故事。故事的过程就是遇到了一个挫折，克服它，然后发现又有一个更大的挫折，再克服它，终于遇到了最大的困难，英雄被挫折深深击败，但是最后总有绝地反击的那一刻，英雄凭借自己的力量，凤凰涅槃，冲出绝境，最终战胜了困难。

第三幕是英雄回归。战胜了终极困难之后，英雄要回到自己的家乡，开始和周围的人分享自己的故事，这时的他已经不再是出门前那个犹犹豫豫，对未知充满恐惧的少年了，他蜕变成为更加成熟、更加稳重的人。一段旅行告一段落，当然，生活永远是个连续剧，下一段英雄之旅即将开始。

我觉得这个模型非常精彩，但凡一个有决心，想要迈出自己的舒适圈，想要探索外部世界的年轻人，总会遵循这个框架。它最大的好处是给你描绘了一幅蓝图，在你遇到困难时给你希望，给你信心，因为你知道，英雄总是会战胜困难，脱离逆境的。

故事的来源

故事的来源无非有两种，一种是自己的故事，另一种是他人的故事。自己的故事与他人的故事相比，更能打动人。如果可以，请尽情讲述自己的经历、感悟。写作或是演讲的时候，只要自己的故事与主题有某种关联，即便联系得不够紧密，也会很容易打动人。即便故事看起来没有那么特别，也比生搬硬套讲一个听来的故事更具有说服力。

他人的故事也可以，但是讲好别人的故事要求要高得多，你总要提炼出一些道理、观点、规律，才好引用别人的故事，否则，就成了故事大会，别人听着过瘾，但没有收获。

我们要怎么讲故事

许荣哲在《小说课》里根据《千面英雄》的模型，总结出了一个故事公式，把故事浓缩成了七个具体的问题。想要开始一个故事的时候，问好这七个问题，一个故事的框架自然就出现了。

这七个问题是：目标、阻碍、努力、挫败、意外、转折、结局。就拿《肖申克的救赎》来说，主人公安迪蒙冤入狱，他的目标是越狱。越狱过程中当然会遇到阻碍，比如铜墙铁壁的环境、凶暴的狱友和警卫。一次意外让安迪发现墙面是可以挖通的，这让他燃起了越狱的希望，服刑期间安迪一直在努力，拿着他的小锤子，一点点地在墙壁上挖洞。经历过无数次的挫败后，在一个月黑风高电闪雷鸣的夜晚，安迪迎来了人生的转折，冒死爬进了下水管道，最后成功出逃，到自己梦想中的小岛安度晚年。

我认为这种高度凝练的规律几乎适用于所有故事，只要一个人有目标，他的故事就开始了。没有哪个人在达成目标的道路上会一帆风顺，没有哪条路途中没有阻碍，经过不懈努力之后，自然会轻松掌握套路和技巧，最后不管成功与否，其实都是完成了一次蜕变。一个个的故事，一次次的英雄之旅，都是一个人成长的台阶。

故事的本质并不仅仅是一种娱乐，它是人类给自己打造的第一把武器，漫长的进化历程，已经将人脑塑造成一台故事机。不管到什么时候，讲故事都是最符合人类心智的沟通方法。如果你想把你的理念传播出去，那最好的开头永远是：我给你讲个故事。

如何才能用好比喻？

什么是比喻

任何关于写作的课程和书籍，都会讲到比喻，我们这本书当然也不例外。所谓创作，就是把两种旧东西重新组合，从这个角度来说，比喻就是创作最好的表现形式。

有些写作课会把比喻分成很多种，比如明喻、暗喻、借喻等，但我觉得这里面没有什么太大的区别，能找到一个鲜明有趣、妙趣横生的方法，找到本体和喻体的关联性，用一种东西去巧妙地形容另一种东西，帮助人们理解，这才是关键。至于比喻的分类，倒不是很重要。

也有人觉得比喻只是思维的点缀，有它更好，没有它也可以，其实这是错误的想法。比喻的重要性远远超乎想象。

奎因在《词语和对象》一书中论及比喻的重要性：“比喻，或类似的东西，既主宰着语言的发展，又支配着语言的习得。”意思是说，有了比喻，才有了语言，一般人认为有了语言，才有比喻，这样想的话逻辑正好反过来了。

法国思想家孔多塞说过这样一句话：“在语言起源时，几乎每个字都是一个比喻，每个短语都是一个隐喻。”这么说也并不夸张，拿汉字来说，象形文字本来就是用一个符号来比喻一个东西，这就是汉字的起源。

再比如，你下班后，花了半个小时，听我解读了一本书，思维得到了升级。这短短的一句话里，就含有几个隐喻。为什么叫“下班”？这是用空间的方式比喻时间，借用空间的上下，比喻时间的先后。接下来，“花了半个小时”，这是把时间比作钱，钱可以花，时间也可以花。“听我解读”，为什么说“解”？庖丁解牛，解是把一本书当作牛羊。“思维得到了升级”，是把大脑比作了电脑，电脑会升级操作系统，人脑的思维方式也会不断升级。这短短的一句话，包含了如此多的隐喻，由此可见，隐喻不仅是语言表达的一种技巧，更是我们的一种思维方式。

不同的文化，对于本体和喻体的对象，往往有高度的相似性

古今中外，“狐狸”都被认为是动物中最“狡猾”的，从中国古代的“狐假虎威”，到现代的“你这个老狐狸”，再到英语中的 He is as sly as a fox, you’ve got to watch him（他狡猾得像只狐狸，对他你可要小心点），fox-sleep（假睡）等无不反映出这一特征。相似的例子还有很多，比如：a thunder of applause（雷鸣般的掌声），add fuel to the flames（火上浇油），blood is thicker than water（血浓于水），be in the same boat（同一条绳子上的蚂蚱）。各种文化中都有类似的比喻。

为什么人们会借用比喻来思考问题？因为比喻是我们天生内置在大脑中的一种程序。

有一种比喻，就是把人脑比作一台电脑。你买来一台新电脑，它里面一定不是空白一片，总要装一些预置的软件，人脑也是一样。心理学家有一个观点，人生下来总会预先装有一些学习机制，只要条件成熟，这些学习机制被触发，就很容易学会一些东西。比如，语言就是一种典型的预装软件，小孩子不用教，只要把他放在一种语言环境中，他就能自然而然地学会说话，就像

猴子会上树，豹子会奔跑一样，都是天生的。

比喻，其实也是一种预装软件，我们日常生活中有很多隐喻，因为实在太明显，太熟悉了，所以有人把它称为根隐喻，根隐喻是所有思考的起点。

举一个例子，我们非常熟悉的一句话是，不要让孩子输在起跑线上，这句话影响了很多家长的思维和做事方式，但它是有问题的，问题出在哪里呢？就出在它的根隐喻上。这句话成立的一个前提是，人生就是一场短跑比赛，既然是短跑，开头的一点点优势就会显得至关重要。竞争、对比、学别人家的小孩、奥数的成绩，通通都是在这个根隐喻的基础上生发出来的。这个根隐喻就非常不妥，本体和喻体相似性很差。

如果你把人生当作马拉松，看似稍微好一点，弱化了开头的一点竞争意识，但是马拉松本质上也是比赛，似乎目标就是赶快从起点跑向终点，而终点是什么？就是死亡，谁会急切地赴死呢？所以这个根隐喻还是不高级。

如果把人生比作一场旅行、一场修行，每个人都在用自己的方式追求自我的完善，追求丰满的人生，这个根隐喻就柔和得多了。当然，现在是和平时期，这种隐喻没有问题，如果是战争时期，那人生如战场就更加合适。

这样的例子还有很多，比如，在19世纪末20世纪初出现了第一批管理思想家，包括法国人法约尔，美国人泰勒，都把他们的组织管理理论建立在“组织是机器”这个根隐喻之上。到现在还有很多管理理论希望组织像机器一样，把员工当作螺丝钉。大多数管理思想的背后，都隐藏着“组织是机器”这个根隐喻。

使用好比喻的两个原则

第一个，本体和喻体距离要远。

比如，形容一个人相貌不佳，可以说，这个人的脸就像车祸现场，这就不太高级，因为本体和喻体太近了。木心说，“有些人的脸丑得像一桩冤案”，这就厉害了。还有更狠的，夏目漱石说：“那张脸，就像19世纪没卖出去，20世纪又砸在手里的赔钱货。”本体和喻体的距离越远，可以联想的空间就越大，自然对别人的冲击力也越强。

第二个，本体和喻体相似度要高。

比如，生活就是一次伟大的失眠。这个比喻的根隐喻是人生前死后都是在睡觉，只不过中间这一段时间你苏醒过来了。我觉得相似度还是蛮高的。

什么是宇宙？将几千年来人类积累的一切呐喊整合在一起，也不及宇宙发出的一声轻微叹息。这里把宇宙和人做比较，地球之于宇宙，就像细胞之于人，两者看似遥远，却又高度相似。

什么是时间？在生命的征途上，没有什么事物可以免遭时间的遗弃。时间只需优雅地走上一遭，就可以改变天地万物。

什么是语言？人们原以为语言只是一种得心应手的工具，却未承想它竟然堂而皇之地替代了我们几乎所有的思想与情感，智慧与妄念。甚至在生命结束之后，语言依然冒充我们的灵魂四处招摇。

什么是死亡？作为生命的休止符，死亡是一场定点谢幕的恶作剧，死亡是对生命工于心计的绝妙嘲讽。无论生命如何精打细算，死亡总会按时出现，并将生命煞费苦心营造的完美毁于一旦。

什么是信念？坚定的信念，是抵御世俗的诱惑与侵袭的利器，信念通常寄居在那些看似孱弱的躯壳里，使那些原本弱不禁风的肉体获得灵魂，以此来展示它的顽强和无所不能。

什么是书籍？知识经济时代，这种物质可以把人引向生财之道，但如果这一整架书只能带给你无忧的衣食，而不是灵魂所需的安宁，我劝你还是把它们通通丢掉。因为那类书能给予你的，荒凉大地同样能够给予你，只要你付出劳动和汗水就行了。

你总能从这些隐喻中找到人们熟悉的东西，但它们放在一起，却又开始变得陌生，这也许就是语言最大的魅力。

说到底，比喻就是一种内置于我们大脑之中的思维方式，它不是万能的，却是我们理解这个世界，从不熟悉到熟悉的强有力的工具。如果你想要和别人产生共鸣，把陌生的概念解释清楚，那比喻就是不可缺少的对话工具，比喻永远是使我们更方便地理解世界的脚手架。

如何让语言更有吸引力？

犹太人有一句谚语：有些人只要一说话，整个房间都会亮起来；而有些人，只有他闭嘴，房间才会亮起来。在平时的生活中，有些人似乎天生就具有魅力，他们只要一开口，就能吸引周围人的注意力。

我刚开始做节目的时候，节目的收听率就很高，似乎我的表达也天生具有这种魅力，但是当同事问我怎么才能做出这种节目效果的时候，我是回答不出来的，不是我不想说，而是我真的不知道如何表达。现在我才知道，那时候我还不具备把自己的经验提炼总结出来的能力。

什么是语言势能

什么是势能？你可以想象一个瀑布，水一定是从高处往下流的，因为瀑布的顶端和底端有一个高度差。语言其实也是一样的，语言也有势能。精髓就在于三个字：不一样。

就像你平时每天下班都走同一条路回家，路边的店铺只要没有变化，你通常都不会在意它们，但是突然有一天，一个理发店改成了蛋糕店，门口还摆了几个花篮，你立刻就注意到了。为什么？因为熟悉的环境开始不一样了。只要不一样，注意力就会被吸引过去，新闻界有一句话，狗咬人不是新闻，人咬狗才算是新闻，就是这个意思。

那你可能会说，我就是想表达一个很平常的观点，也看不出有什么不一样的地方，应该怎么办？

其实这里说的“不一样”不在于你的观点是否奇特，而在于你的表达方式是否恰当。怎样才称得上恰当呢？

举个例子，比如你是湖南人，你要给一个朋友介绍一下湖南人的特点，你可以说：湖南人很质朴，性格温和，像水一样，很容易相处。这是很平常的表述，你要是这么说，就是没有语言势能，抓不住别人的注意力。想要引起关注，你可以说：我们通常认为，湖南人的性格都特别刚健，“要死卵朝天，不死变神仙，舍得一身剐，敢把皇帝拉下马”，但是通过我的仔细观察，湖南人其实普遍都非常质朴，性格温和似水，相处起来特别舒服。

这么一说，就打破了对方脑海中原有的印象，听众会觉得好像就是这么一回事儿。

这句话其实也可以反过来说：你是不是觉得湖南人普遍都很质朴，性格很温和呢？但通过我的观察，其实湖南人普遍都非常刚健，不怕死，不要命，喜欢路见不平就拔刀相助。

你看，这样说好像也是对的。

其实真相是什么呢？真相就是：湖南那么大的地方，当然什么样的人都有，有温和的，有刚健的，有不怕死的，也有惜命的。这在哪里都是一样的，都是根据你的观察去主观判断的一件事儿。

你要平铺直叙地说，那就没人喜欢听。诀窍就在于，你要在对方的脑海中先设置一个靶子，然后再击碎它，“不一样”就出现了，原来的认知就被打破了，大脑就会警觉，开始注意这则信息。

你可能会问，你怎么知道观众脑子里想的是什么呢？观众不是这样想的怎么办？

这其实是大脑的另外一个特性，只要你预先装进一个概念，大脑就会默认自己是这样想的，这其实就是知识的“魔咒”。当一个人掌握了一个知识的时候，想象不出不知道这个知识的时候是什么感觉。比如，你说湖南人是刚健的，听众原来也许没有这样想，但只要你这么一说，听众接收到这个信息，就会认为自己平时就认为湖南人是刚健的，你可以仔细体会一下这其中的妙处所在。

如何让语言具有势能

那具体如何让语言具有势能呢？给你一个十二字口诀：很简单、很复杂、你不知、你错了。

第一，很简单。

把一件复杂的事情往简单了说。一件复杂的事情能用简单的方式表达出来，它自然就具备了势能，开始有了传播性。

很多人都在使用这种很简单的语言势能吸引他人的注意力，比如，很多书的书名都喜欢用“极简”两个字开头，像《极简欧洲史》和《极简世界史》。这是因为普通人看到书名会觉得很简单，欧洲史、世界史原本是很复杂的，简单地说是什么样呢？好奇心由此被勾了起来。

仔细观察你会发现，很多“大神”但凡遇到复杂的概念，一般都会用这个技巧来开场，意思是说再复杂的事情，他都能用简单的话语讲清楚，这本身就是功力所在。

第二，很复杂。

把一个看起来平常的，大家耳熟能详的概念抽象化，提炼出规律。

举个例子，美国电影《复仇者联盟》里面的反派角色是灭霸，灭霸的目的是消灭全宇宙一半的人口，他认为只有这样做才能拯救所有人。我们就觉得他很坏呀，靠杀人来救人，哪有这样的道理。其实这个事情还真没有这么简单，他背后有一个概念叫马尔萨斯陷阱，简单来说，就是人口增长是呈几何级的。而生存资料，比如粮食的增长，不可能是几何级的，只能是算术级的。因此，如果经济增长导致人口增长，那就失去平衡了。因为所有的增长成果都会被新增的人口吃掉，然后经济开始下滑，这是一个死循环，这个死循环就是马尔萨斯陷阱。所以灭霸的方法虽然不对，但是他的担心是不无道理的。你看，通过刚才的表述，是不是就把漫画里一个简单的人物设置讲出了经济学的味道。这样就会具有吸引力，把一个普通的东西讲得不一样，讲出新观点，这本身就是本事，仔细留意，市面上所有的新概念都是这样来的。

第三，你不知。

这个好理解，就是遇到新概念的时候，你可以用这个来开头，通常就会引发别人强烈的好奇心。你看小孩之间交流，见面第一句话就是，我发现一个打游戏的技巧，你肯定不知道。另一个小孩就会很热情地凑过来，什么技巧？快说说。人对新鲜事物总是充满好奇心，很多作者都喜欢创造一些新概念，比如“灰犀牛”，其实就是指显而易见的风险，但是作者将它称为“灰犀牛效应”，你瞬间感觉这个词汇很陌生。是不是感觉学到了新知识？用这个技巧设置语言势能，是非常常见的方法。

第四，你错了。

先在用户的脑海中设置一种观念，然后告诉用户这种观念是错的，我来告诉你正确的是什么，这叫纠正观念。举个例子，比如说你平时可能会觉得，人多就一定力量大，毕竟人多好办事儿，但是有研究发现，其实在创意领域，孤独是最有效的催化剂，最好的创意往往都是在独处的时候想出来的。这就纠正了一种错误的观念。上文中的设置语言势能，也能吸引听众的注意力。

我说了四种让语言具有势能的方法，不知道你发现它们的共同规律了没有，是不是都指向了本节最前面我们说的三个字——“不一样”。这是一个与其更好，不如不同的时代，给你的观点插上翅膀，让别人听了之后为之一惊，眼前一亮，觉得你不落俗套，和一般人不一样。你会发现自己立刻就变成一个有趣的、具有吸引力的人。这就是语言势能的力量。

表达很容易，表达得好很难，表达不一定要靠语言，但是好的表达者总是具有很强的辨识度并且敢于做自己。与其更好，不如不同，这是现代语言环境下对表达者最好的注解。

如何在写作中 “放大招”？

写作需要 “放大招”

《菜根谭》里有一句话，“鹰立如睡，虎行似病”。老鹰站立的时候总是闭着眼睛的，老虎走起路来总是懒洋洋的，为什么？无非就是想要节省能量，等待需要“放大招”的时刻。一旦看到猎物，找准时机，就会瞬间调动起全部的能量扑向猎物，不管不顾，拼尽全力，一击命中，这就是世界上最猛的禽和最猛的兽的生存策略。自然界中，一般只有食物链顶端的动物才用这种策略，才拥有自己的“必杀技”，食物链底端的动物都是整天忙忙叨叨，思考怎么不被吃掉。有一句话说得好，“其疾如风，其徐如林，侵掠如火，不动如山”，这是一门功夫，也是一种策略。

我特别爱打游戏，是一个几十年的游戏玩家，游戏里的主角大多数都有一个共同的特点，他们都有大招，而且，只有英雄是有大招的，小兵没有。小兵只有被砍杀、被用来升级的份儿。

很多人写作时遇到的往往不是所谓的技巧问题，而是没有办法说服自己进入状态，总是想要再等等，再准备准备，其实就是害怕进入写作状态。

我总觉得写作的时刻就是一位创作者“放大招”的时刻，之前的准备、蓄力，都是在为这一刻做准备，不管平时你看书找资料的时候多么懒散，写作时都必须调动全部的脑力，用一段集中起来的时间，挺直腰杆，排除所有干扰，全身心地投入，把自己脑海中混沌又凌乱的碎片一口气整合出来。这是一个高耗能的时刻，需要注意力、意志力、体力、情绪都达到巅峰，进入这种状态很难，写作的难也就难在这里，更难的是，能定时定点，稳定高频地进入这种状态。

写作是玄学，身体状态和精神状态不同，写出的文字就不一样，即使同样的想法，同样的资料，不一样的时刻表达出来，效果也有显著的差别。学会了套路，只能写出一般水平的文章，而高水平的文章，要在熟悉套路和技巧的基础上，有更高水平的发挥。

怎样才能做到稳定地高水平发挥呢？你需要找到那个巅峰时刻。体力和脑力一样，过度运动后，都会有波动，比如，你刚爬完20层楼，那你坐在椅子上的时候可能动都不想动一下，得好一会儿才能缓过劲儿来。其实脑力也一样，只不过平时我们不太能感觉得到，主要也是脑力消耗不像体力消耗那么明显。体力消耗的时候你会出汗，会心跳加速，会四肢无力，这些都能被明显地感觉到，而脑力消耗到一定程度表现出来的就是迟钝、发呆、注意力游走、不能进行深度思考。你如果没有很敏锐的洞察力甚至都不容易发现。就是因为这些表现都不明显，不太好区分，所以大多数人都不太重视，总以为自己的脑力可以一天到晚保持相同的敏捷度。

我一般是在晚上，特别是在半夜遇到这种创作的巅峰时刻。据我所知，很多作家都有晚睡晚起的习惯，我自己也有过好几年半夜创作的经历，但是这个习惯比较麻烦，就是白天会变得毫无生气，感觉“奄奄一息”，而且完全不可持续，几个月后就会感觉身体明显不适，所以又得改回白天创作。

一句话，如果想要成为一个在写作领域有所建树的人，你需要管理好自己的能量，像一个吝啬鬼一样节省它，最后修炼出属于自己的大招，在最需要的时刻，想放就放。

如何管理自身的能量，达到最佳状态

那怎么把自己调整到最佳状态呢？有一个能量管理的金字塔模型可以参考。

一个人的能量由四个部分组成，分别是体能、情绪、思维、意志力。体能在最下面，上一层是情绪，再上一层是思维，最上层是意志力。

它们之间互相影响，比如，身体不好的时候，心情一定也不好，情绪不好的时候，思维能力就不行，做判断时就容易失误，思维混乱的时候，就别提什么意志力了。所以写作的巅峰时刻真是一个需要天时地利人和的时刻，幸运的是，一天中总有这样一个时刻，你只要抓住它就行。

最好的状态 = 充沛的体能 + 稳定的情绪 + 清晰的思维 + 坚定的意志力。

体能怎么来？靠吃、靠睡、靠运动。大脑的主要能量来源是葡萄糖。糖是“毒药”，不吃不行，吃多了也不行，吃太多的糖会让你变得迟钝。如果直接吃糖，在 15 分钟之内可能会让你觉得能量充足，但是超过 15 分钟，葡萄糖水平就会瞬间下降，你就会感觉昏昏沉沉，疲惫不堪。所以如果你想保持大脑的高效率运转，最主要的任务就是把血液中的葡萄糖维持在一个稳定的水平。那怎么保持它的稳定呢？有两种方法：一种是少食多餐，一次吃个半饱，每天多吃几次；另一种是不要吃碳水化合物多的食物，像甜点、面包、薯条等，这些东西尽量少吃，除非你只想维持 15 分钟的高效注意力。

睡觉就更重要了，好的睡眠可以把大脑中的垃圾碎片都清理掉，让你的大脑高效运转。我自己有午睡的习惯，不睡就会感觉下午的时间都浪费掉了。睡觉的时候，床头准备好一杯水，醒来后习惯性地先喝掉，让身体恢复一会儿，只要 5 分钟，你就会感觉活力四射，之前的很多想法都自动整合出来了。

运动也是一个重要的选项，为什么很多人就是不能坚持运动呢？其实是因为我们对运动的期望值太高。一说到运动，很多人脑袋里就会出现举着哑铃挥汗如雨的画面，其实那都是过度练习。如果你想减肥，想练出肌肉，那这种强度的练习就是必要的，但是如果你只是想保持健康的身体状态和清晰的头脑，为了在工作的时候表现得更好，那么你更适合轻量的运动，比如快走或者其他有氧运动。这些轻量的运动你做起来不会太累，做完只是感觉身体微微发热，会很舒服。如果你每次都把自己搞得太累，那不用说，你的身体就会对这件事情产生抗拒，如果你没有明确的目的，比如像演员那样为了工作保持身材，就进行高强度训练，那放弃就是迟早的事情。所以说轻量的运动非常重要，它可以让你的身体达到最佳状态，这种状态下的身体还不会和大脑争抢能量，对你达到高效的工作状态非常有好处。写作最后拼的一定是体力，长时间坐着，不出意外，一定会有很多职业病，腰椎、颈椎都会出问题。如果你有成为优秀作家的愿望，那么找一种适合自己的运动，比如跑步，比如波比跳，每天坚持做。这是对身体的投资，比你偶尔想出一篇绝妙的文章框架重要得多。

情绪也非常重要，你不能今天失恋要死要活的，明天和家里人怄气停工十天半个月。好的情绪是大脑的底层操作系统，操作系统崩溃，你有再多的想法，也不可能指挥你的身体去实施，所以如果你想要成为一名好作家，要么单身到老，要么找个好伴侣。千万不能找个动不动就在你的情绪湖面放一枚炸弹，把你的灵感通通炸飞的伴侣，这一点至关重要，你需要的是一个鼓励你，支持你，欣赏你才华的人。

如果你能做到身体状态好，情绪饱满，那你需要等到一天的某一个时刻，在思路清晰的时候，把你收集到的资料整理成一篇结构完整的文章。时间根据自己的情况而定，可以是早上，也可以是晚上，我建议最好不要在中午，因为科学数据表明，不管哪个国家的人，中午的状态都是最差的。

意志力也是很重要的。当其他条件都凑齐了，你还需要一个不完成目标决不罢休的信念，注意力高度集中，埋头苦干，咬着牙把脑海中的思绪拉扯出来，让它们变成一根根美丽的蚕丝。

《周易》里有一句话，“君子见几而作，不俟终日”。君子真正看到了苗头、趋势，看到了那个最佳的时间点以后才会行动，他不会整天忙忙叨叨。

你是个英雄，就要有自己的大招。能量管理的秘诀不在于分秒必争，那样其实会让自己的生活越绷越紧，人会受不了的，它的秘诀在于“沉浸”二字。这是尊重你正在做的事情，享受你正在做的事情，认真对待你正在做的事情的一种状态，里面包含着对生活的热爱和对未来的美好预期。

怎么写出一个好结尾?

好结尾的重要性

在森林里，有一片叶子从树上掉下来，无人在场，它到底发出声音了没有?这是个哲学问题，见仁见智，但是要我说，就是没有。

为什么呢?因为它没有对你产生影响。

写作有一个终极目的，就是带来改变。它带来的改变可大可小，可深可浅，让这个世界朝你认为对的方向移动一点，不管这个距离有多远，都是改变。可以改变自己的想法，可以改变别人的想法，可以重申一下重要观念，也可以促使别人做出行动。一个好的写作者就和乔布斯倡导的精神理念一样，总是试图通过文字来改变世界。

可是问题来了，具体到一篇文章里，如何引发改变？我认为承载改变的最佳位置，就是结尾。

我看书喜欢先看结尾，那里有作者思想的浓缩，看文章也喜欢先看结尾，作者的意图一目了然。一个好的结尾就是一条龙的眼睛，没有它，身子画得再好，也总是没有神韵。

怎样写出一个好结尾？精彩的结尾往往言有尽而意无穷，意思是文章虽然读完了，但是对读者的影响还在持续。可如何做到意无穷？这个很难说清楚。

能够传达思想的三个主题

胡长白教授有一个思考框架极妙，称为三个主题。用这个框架来解释这个问题，也许能够说清楚。

春秋时期，有一次齐国和鲁国的国君相约会盟，孔子当时辅佐鲁定公，齐国国君齐景公意图不良，想要劫持鲁定公。事发时，孔子就作为调解人打了一个圆场，一面掩护鲁定公撤退，一面跟齐景公说了一段话，他说，这个事儿你不能干哪，为什么呢？有三个原因，“于神为不祥，于德为愆义，于民为失礼”。意思是在上天看来，你这样做不吉利；在道德上，你这样做不仗义；在民间习俗上，你这样做有失礼仪。齐景公一听这话，马上就罢手了。

胡长白先生从中总结出了传达思想的三个关键词，分别是最高主题、最低主题和中间主题。神者，最高主题；德者，最低主题；礼者，中间主题。当你想要说服别人，把一种思想植入另外一个人的脑中时，你只要凑够这三个主题，往往就能产生奇效。

什么是最高主题？最高主题是指那些普遍、崇高、超验的秩序和价值观。比如，追求世界和平、为了正义、为了解放、为了祖国统一，这些口号都是不容亵渎、不容怀疑、不容辩驳的，只要说出来，就一定对，谁反对谁就是敌人。

比如，第一次世界大战时英国人的口号——为人类的最后一次战役而战，马丁·路德·金——为了平等而战，华莱士——为了自由而战。在这么高的主题下，个人的愿望会显得微不足道，因此这种影响力极大的说服术，经常被用在战争动员上。

什么是最低主题？最低主题是指那些原始、质朴的情感，比如，诚实、坚贞、复仇、梦想、爱情、面子等，也就是通常所谓的人性。这类主题是人的底层源代码，最容易引发最大公约数的共鸣，谁反对谁就是坏人。

比如：长篇网络小说中频繁使用的打脸场景，这是面子；文弱书生和女鬼的爱情故事，这是爱情；《汉谟拉比法典》中的以眼还眼，以牙还牙，这是复仇；母豹不吃刚出生的小鹿，这是母性。这种对原始情感的回应，经常被用到广告宣传、电影制作、网络小说等领域。

什么是中间主题？就是直接诉求某种利益，引发一个行动。比如，公司很快就要上市，能赚很多钱等，就是诉求一种直接的利益。

大航海时代有三大主题：上帝、荣誉、金钱；现代中国有三大方向：祖国复兴、人人平等、小康社会；公司留人有三大手段：伟大事业、哥们儿情谊、上市梦想；想和对象天长地久需要三大法宝：月老牵线、缘分爱情、每月工资。

理解了以上三种主题，下面的事情就简单了，只要你把这三个主题凑够，往往你的语言就会具有很大的鼓动性。

比如，为了让天下人用我们的产品，给你一朵小红花，你要接受996的工作安排，这是公司常用的动员话术。

为什么这三个主题的组合如此有效呢？它的诀窍在于用天理主题召唤信念，用人性主题打动情感，用中间主题诉诸利益。三个主题分工明确，一个征服你，一个激发你，一个驱动你。我们都是普通人，如何能受得了这样的轰炸。

比如，网红李子柒的人设就非常好，你问她有什么理想，她说她要宣传中国文化，最高主题有了，绝对正确，不容反驳。你问她这么做的动机是什么？她说只想给抚养她长大的奶奶做一顿可口的饭菜，最低主题有了，孝顺，很能引发共鸣。那怎么实现主题呢？通过自己种菜，回归田园生活来实现，行动力超强，心灵手巧，什么农活都会干，中间主题也有了。三大主题凑齐，完美，不火都难。

仔细观察，可以发现这个道理几乎存在于战争动员、政治游说、商业宣传和宗教传播等大多数领域。大到替天行道，小到帮孩子断奶，此三招都可通用。

你若能把它放在文章的结尾处，晓之以理，动之以情，驱之以利，必能让文章成为传播你思想的利器。

不过比技巧更重要的是方向。改变的方向有好有坏，有正有邪，心怀善意，让世界朝美好的方向前进一点点，这是一个超越三大主题的更高主题。

如何修改文章?

写文章的两顶帽子

假如你有两顶帽子，一顶是创意帽，戴上之后你会变得创意无穷，思绪乱飞，头脑中的素材像火山爆发一样源源不断地喷发出来，你会把看似无关的素材都用自己独特的方式重新组合起来，让它们焕发出全新的含义。灵感就像一双双放射着蓝光的眼睛，总是能给读者意想不到的启发，戴上这顶帽子后，你会变成一个创意十足的天才。

还有一顶是规则帽，戴上之后你的灵感就通通消失了，但是随之而来的是你了解了各种写作的条条框框，各种世俗的规则，你能看出文章中的漏洞和差错，能看出那些不合时宜的语句，还能看出哪些东西可能会给别人带去不舒服的感受，这时候批判的声音，格式的对错通通都冒了出来，你变成了一个只会挑刺，满眼都是规则的保守人物。

假如这两顶帽子让你选，你会怎么选？估计很多人都会说，我当然选第一顶了，写作的时候创意最重要。实际上两顶你都必须选，如果只选第一顶，那你的作品很可能只有你自己能看懂，也压根没有发表的可能；如果只选第二顶，那你很可能连一篇像样的文章都完成不了。

我们写作的时候，脑袋上的帽子其实就是在随时替换，只不过很多人搞错了顺序，在该创意写作的时候，戴上了规则帽，在该修改的时候，戴上了创意帽。好的作者，往往能把这两个过程清楚分开。怎么分呢？在写作的时候，给自己戴上创意帽，在修改的时候，给自己戴上规则帽。

作家格非对创意写作的状态有过一段描述，他认为很多人写作时会畏首畏尾，觉得自己水平不够、词汇量很少、想象力也不够、缺乏训练。这样，重重阻碍就会像大山压着你，使你根本没办法写作。所以他认为写作的第一步是要训练自己，一旦开始，就要处于一种绝对的自由状态，让你放松，有助于帮你把最好的水平发挥出来。他有时候也跟学生开玩笑，“写作需要经历一个不顾一切、胡乱涂抹、有勇气面对自己的阶段，这个阶段特别重要”。

正如格非所说，你需要无条件地相信自己写的东西，进入旁若无人，甚至自大自恋的状态，才能获得巨大的解放感，你才能打开创意写作的开关，让自己的思想在纸面上呈现出来。如果你在写作的时候感觉压力重重，写三行删两行，脑子里面自我批判的声音不断，总是在想同行怎么看，前辈怎么评价，就好像有无数双眼睛盯着你一样，那么这些过多的思虑一定会让你寸步难行。

用脑科学的理论也能解释这种现象，现在有一种说法是，那些善于观察、善于创造、善于发散的思维方式属于右脑思维，而善于逻辑、善于推理、善于遵守规则的思维方式属于左脑思维。尽管现在人们对这种说法不是很认同，认为其实人在思考的时候左右脑是全部在运行的，但是这种左右脑的思维方式早已深入人心。

大多数国人从小受到的教育是以左脑训练为主，因为中国现代教育制度更加强调集体主义，更加强调规则和纪律，所以让一个人解放天性是有一定困难的，而创造力要求的是对自我有极深的认识和释放，而不是对规则的遵循和迁就。

那创意帽要怎么戴呢？讲一个我自己经常使用的心理技巧，

写作时要告诉自己："我就是为自己写的，和任何人无关，我的时间很珍贵，每一分钟都不应该浪费，只要是落在纸面上的，对我来说就是有价值的。现在，想到什么，就大胆地写下来吧。"

这其实是一种自我暗示，这个暗示里面用了大量的"我"字。频繁出现"我"本来是知识服务里的大忌，一个专业的知识服务工作者，心里应该一直装着用户，以用户为中心，但是在刚开始的时候，请先把这个忘掉，为你自己而写。即使你平时可能不是一个这么自我的人，可能你习惯于考虑别人的感受，但这个时候请你以自我为中心，只关注你自己的想法和感受。

一旦你养成了这种思维习惯，在创作的时候，大脑中批判的声音就会小很多，你的表达会更加无所顾忌，变得顺畅得多。

你肯定也听过这么一句话，好文章都是修改出来的，很多时候，只写一次是不够的。

现在你已经完成了一篇文章的60%。好了，把文章先放一放，去干点别的事情，可以去想一想其他的主题，或是去做点其他的工作，玩一圈也可以，重要的是，你必须要有这么一个空档期。

等到修改的时候，你再看自己的文章，就可以跳出原来的思路，换上规则帽了。很多人在这个时候会出现不舒服的感觉，如果恰好这个时候，你的编辑、指导老师，或是朋友提出了一些问题，很多人的信心就极容易被击溃，甚至会很生气，毕竟是自己费尽心血写出来的东西，遭到批判总是不好受的。

这时候应该怎么办呢？最好的办法就是，把文章和你本人彻底分开，你要知道，你的文章不代表你本人，你可能写出了几个漂亮的句子，不代表你这个人就很漂亮；你可能写得很差劲，也不代表你这个人就很差劲。文章只是文章而已，你可以把它当作别人的东西，从旁观者的角度重新审视，这样你就很容易摆脱不舒服的感觉了。

修改文章的原则

修改文章的时候要遵循从大到小的原则。

第一遍，查看一下结构如何。

不同的文章有不同的结构，除非你在写那种故意要让读者觉得晕头转向的侦探小说，否则逻辑清晰就是所有文体都要遵循的一条原则。毕竟你只有想清楚了，才能写得清楚，你写得非常清楚，读者才能理解清楚，如果读者压根不理解你写的是什么，那你写再多也是没有用的。再次读文章的时候，你很可能会发现自己的案例、主题等都已经和一开始想的相背离了，这很正常，你需要重新写开头，重新定标题，重新补充论述，让整篇文章通畅起来，一以贯之，就像让用户吃一串冰糖葫芦一样，每一块要表达的内容都清晰明了，每一口都有收获。

第二遍，看字词语句是不是有更好的表达方式。

我通常不太主张炼字，只要不是写诗歌散文，一切都以表达清楚为目的。在修改阶段，如果能把原来的词替换成更合适的、更押韵的、更精准的词，当然也是好事儿，这会给你的文章增色不少。

在打磨几遍后，觉得没有什么大的问题了，那么你要做的就是放手。你的写作要到达终点了，你的文章可能没有那么完美，但是也足够好了，很多人会在这个时候进入无限修改的怪圈，然后陷入无比焦虑的情绪里。请记住这句话：完美是成功的敌人。

准确来说，这时候这篇文章已经不属于你了，它有自己的生命，它要出去影响别人，给别人灵感，很多人会从中得到他们需要的想法，但这都和你无关了，你能做的就是把这篇文章以足够好的形态交付出去。如果你还有多余的激情，那就放在下一篇文章的写作上，这一篇就让它去完成自己的使命吧。

第四章

写作的基石：学会阅读

写作与阅读有什么关系？

读书的重要性

有这么一个故事，一位教授去了一个荒远偏僻的地方，准备过江，上船之后他就问船工，你学过数学没有？船工答没有。你学过物理没有？船工又答没有。你用过计算机吗？船工还答没有。教授哀叹，你的生命已经失去一半了。话音刚落，天色就变了，狂风暴雨袭来，船工淡定地问教授：你学过游泳没有？教授惊慌地说没有。船工无奈地说，那你可能要失去整个生命了。

术业有专攻，会读书，懂得一些杂七杂八的知识，真没有什么了不起的。卖油翁的道理大家都懂，但是能保持卖油翁心态的人寥寥无几。很多人读了很多书，懂了很多道理，但是这些信息最后如何转化成真实的能力，如何转化成处世的智慧，如何真的转化成财富，这中间还有一段很长的距离。

仔细想来，读书是一件很奇怪的事，几乎每一个中国人都认为它很重要，但是真正读书的人却又寥寥无几。这说明了什么呢？说明读书也许并没有人们说得那么重要。

我觉得读书的地位不应无限地被拔高，它就是一种很廉价、很便捷的输入方式，是一种和人聊天的手段。因为我们没有办法和苏格拉底聊天，没有办法和乔布斯聊天，就算是还在世的人，比如埃隆·马斯克，你也没有办法让他过来给你一个人认认真真地讲上几个小时，所以只能通过阅读他们的文字，来和他们的智慧相连接，除此之外，别无他法。

现代社会有了视频和音频工具，如果人们认认真真地录制视频和音频，把自己的想法通过新载体呈现出来，我倒觉得也许是一种不错的传播形式。不过根据我的经验来看，假如一本书的信息量通过视频或是音频来传播，那么它们的应用场景是完全不一样的，所以视频、音频、图书可以说是不同的载体，它们各有所长，互相补充。

读书和写作就是输入和输出的关系

读书的时候，你吸收的是碎片化的、零散的信息，虽然一本书可能讲得很系统，但相比于你研究的整个知识体系来说，它依然是碎片化的。这些碎片化的东西进入你的脑子，被你记录在笔记本上之后怎么办？怎么把它们转化成能力？怎么把它们转化成财富？怎么把它们转化成智慧？都要靠写作。你以另外一种形式，让知识穿过你的身体，重新输出一遍，这样，你才算是吸纳了知识。

你可能看过这样一个视频，部队的练习场上，一个学员投手榴弹失误，落在了脚下，旁边的教官一把拉住学员滚进沟里，躲过一劫。如果那一瞬间，教官脑子里涌现出的是知识：这枚手榴弹是 82 式的，杀伤半径大概有 6 米，引爆 3 秒后爆炸。那么没等他想完，估计就已经被炸飞了，但是他的一连串躲避动作行云流水，毫无拖沓，这就是平时训练的结果。

《快思慢想》一书说人有两个系统，快系统和慢系统，快系统负责给你直觉，慢系统负责把一些东西变成你的直觉。写作就是开启你的慢系统，你需要把读到的东西整合、筛选、排查，最后留下真正对你有用的精华，用精华去指导你的行动，去影响他人。

输入除了依靠读书，还可以通过和人聊天，和真实的人深度沟通也是一种重要的能力，有些人太专注于读书了，以至于遇到真实的人反而不会开口，不会沟通。其实最前沿的知识和经验都是存在于人脑中的，它们还没有机会被记录在书本上，如果想要获得最前沿的信息，还是要多结识牛人，多和他们进行线下沟通。

如果不会读书，周围的环境又没有太多牛人可以聊天，那你的父母、朋友、菜店卖菜的大妈就是你的主要信息输入来源。如果没有多样化的信息，像突破社会阶层这种事儿是不太可能发生的。所以为什么穷人的孩子一定要多读书，因为穷人的孩子没有办法和富人的孩子一样，从小生活在周围都是牛人的环境里。对富人的孩子来说，他周围的人，就是他的书。

读了这么多书，为什么依然过不好这一生？其实原因很简单，读书并不能直接让你变得有竞争力，它只会改变你的信息量。读是一个输入的过程，没读书之前你就像一本小学字典，清楚的概念就那么几个，读得多了，你就变成了《新华字典》，但也只是信息量变大了，却处于一种杂乱无章的状态。只要没有经过进一步处理，现有信息就是没有多大价值的。真正的知识是有机的体系，而不是杂乱的堆积，就像一堆零件单独放着没有什么价值，但是重新组合就可以变成一辆汽车一样。

很多人面对信息也是一样，只是喜欢收集，但是从来没有自己搭建过框架，就像他们有各种仪表盘、轮胎、油箱、方向盘，但是从来没有尝试把它们组装成一辆能跑的汽车。为什么呢？因为一旦开始组装，他们就会发现，工作难度一下大了好几个量级。这个过程要筛选，要比对，要发现概念与概念之间的联系和矛盾，就像你要只靠一个扳手组装出一辆车一样。前面收集资料的工作，谁都能干，但是后面的工作，得宝马、奔驰车场的顶级工程师才能干，这就是搭建知识体系的难度。

阅读是什么？阅读就是收集资料的过程。写作是什么？写作就是重新组装的过程。进入你脑海中的概念需要通过写作这个动作重新组合，生发出全新的意义，这就是阅读与写作的关系。

读书并不能改变命运，同样的书，你读过，别人也读过，但是如果别人把读过的书用写作的方式，或是另一种媒体形式重新组合加工一遍，那就真的可以改变命运了。现在这个时代，是对读书人格外友好的时代。

我之前说的2 500字理论，它的信息本源就是书本。如果能做到把书本中的知识通过音频、视频、口播等形式，根据不同的内容载体重新生产，降低他人的理解难度，把知识变成一个可以服务于他人的互联网产品，那么所有地方都是你的舞台。

如何选择一本书？

读书代表一个人的精神结构

做个读书人，选书是一件大事儿。有一个说法是，男人的书架就和女人的衣柜一样，是忌讳给别人看的。通常只要看过一个人的书单，就基本能判断他的精神世界是如何构成的，这多少有点暴露内心的感觉。

我这些年主要从事的就是知识服务工作，看书是主要的工作内容，而我深度看过的书，基本上都会做成图书的解读版。如果遇到许久未见的朋友问我整天忙些什么，我总是会把书单发给他。这样一来，整天在忙的事情一目了然，这多少有点尴尬，但也省去了解释的时间，有时候我想，暴露内心倒也没有什么不好。

梁宁在《一个人的精神结构和他的精神资源》一文中比较了历史上的两位女强人，英国的伊丽莎白一世和中国的慈禧太后。这两个女人执政控场能力超强，单身主政40多年。伊丽莎白一世统治时期在英国历史上被称为“黄金时代”，当时的英国拥有卓越的航海能力，并开始建立北美殖民地。而比伊丽莎白一世晚生300多年的慈禧，用了一生的手腕和智慧，结果是把中国封闭在一个思想的牢笼中。这两个人到底有什么不同？归根结底，就是精神资源不同。

伊丽莎白一世童年的教师，是文艺复兴时期英国著名的人文主义者罗杰·阿斯卡姆；伊丽莎白懂六国语言，她的精神资源中有亚里士多德、恺撒、哥伦布等。而慈禧的精神资源是《资治通鉴》，以及戏文《挑滑车》和《四郎探母》等，这些内容形成了当时最高统治者慈禧的世界观和精神结构，比较下来，她们决策水准的差距可想而知。

一个人的精神资源，往往决定了一个人的精神结构，一个人的精神结构，就是由他看过的书、见过的人、经历过的事组合起来的。思维决定行动，所以一个人干了什么事儿，归根结底还是在于他如何看待这件事儿。精神结构不是虚无缥缈的东西，而是由大脑中一条一条实实在在的神经元组成的，阅历强大的人与没见过世面的人的大脑结构是不一样的，前者的结构密度是北上广深的街道，错综复杂，车来车往；而后者是田园小路，稀疏几条，杳无人烟。这种精神结构会主导一个人一生的好恶感与羞耻心，以及他的愿望、梦想与恐惧，从而影响这个人的所有人生选择和决策，而这些细微的决定和选择叠加在一起，就构成了一个人的一生。

精神结构如何影响一个人对事情的判断

施展引用过《火星上的人类学家》里的一个故事，我认为这个故事能把脑海中的精神结构如何影响一个人对一件事的判断说得很清楚。这个故事的主人公是个脑外科医生，有一次他遇到一个奇怪的病例，有一个从小就失明的人来找他看病，这个人现在已经 50 多岁了，几乎是失明了一辈子，可是在检查之后，医生发现这个问题其实很好解决，只要一个小手术就能完全治愈，让他恢复视力。天大的好消息，当然要试试，手术很成功，皆大欢喜。可是当这位病人恢复视力之后，奇怪的事情发生了，他虽然能看到，但是看不见。

什么叫能看到，但看不见呢？就是事物通过眼角膜映入这个病人的脑子里，但大脑却整合不出完整的图像来，比如，有人把他领到一台车床面前，告诉他，这是台车床，这个东西他以前认识，但是现在他睁大眼睛，看着这台车床，就是不认识。没办法，他最后只好闭上眼睛，用手把车床摸了一个遍，才认出它，叫出它的名字，这原来是台车床。为什么会这样呢？因为他以前习惯用触觉整合外部世界的信息，脑子里缺少视觉的框架，所以就算把一个东西放在眼前，他看到了，但是依然是看不见的。

这就跟我们普通人看古董一样，因为缺少关于古董的知识，脑子里面缺少这方面的结构，一个稀有的上古石碑放在面前，我们都能看到，但看不见，有些人甚至会把它当作厕所里的脚踏石。

机会也是一样，当你缺少某一方面的知识时，就算机会摆在面前，你也是能看到，但是看不见。人和人之间的认知差距，比想象中要大得多。

我们总以为自己是在直接看这个世界，其实我们每个人都是通过预置在脑子里的蓝图看世界。就像每个人都在自己的大脑里修建一座大楼，有的人是瓦砾遍地，有的人则是摩天大厦。

选书、读书，就是在我们脑海中构建认识世界的蓝图，摩天大厦修建得越高，蓝图画得越完整，一个人看待世界、整合资源的方式就会越犀利，越奇特。

选择一本书的四个层面

第一，底层认知类的书。这就像一座大厦的地基，不管以后大厦盖得多高，所有的知识都是从地基上长出来的。这一类书不多，但是很好辨认，比如《论语》《世界文明史》《人类简史》《资治通鉴》等，这类书读起来不容易，但是你只要把它们啃下来，就能对人类的精神世界有一个底层的认识。我们从哪里来，如何变成现在这个样子，未来又可能成为什么样子，你会有一个大致的认知。很多人说学习文史哲没有什么用，其实文史哲里面有大量帮助人们构建底层认知的书，它们是建构你精神世界的地基，是事物最底层的逻辑和原理。

第二，专业类的书。这是你脑海中这座知识大厦的主体骨架。你是什么专业？你如何在这个社会上立足？怎样在自己的专业里持续精进？专业书会帮你获得社会竞争力，帮助你争取到更多的社会资源。这里要注意，如果你还没有找到自己的专业，那可以多读底层认知类的书，一旦找到了，那就需要优先关注你这个专业里面的书，切不可在还没有找到立身之本的时候，兴趣过于分散，以至于看起来学了一大堆东西，但是哪一样拿出来都不行。我反对那种自己的专业一塌糊涂，没有办法在社会上占有一席之地，但是涉猎广泛，总是关心和自己毫不相干的信息的学习方式。我认为要先把自己的专业搞好了，再去搞其他的。我读书是比较功利的，我希望把精神世界的资源兑换成现实中的利益。我认为一旦立定根本，就要在自己的专业深入钻研，你是学医的，就要多看医学类的书；你是学管理的，就要多看管理类的书；你是程序员，就要多看编程方面的书。争取让自己成为专业领域里的牛人，成为那个信息来源最前沿的人。

第三，通识类的书。这是你脑海中这座大厦的墙体。专业搞好了，现在你需要更广泛的涉猎，充实自己的墙体，把大厦越建越高，越造越大。实际上，如果你想在自己的专业领域做到顶尖，只研究自己专业的知识，是很容易遇到瓶颈的，怎么办？你需要其他专业的知识给你灵感，给你更多解决问题的思路。比如你是学管理的，那医学方面的清单工作流程，也许能帮你改进管理流程，但是过多的通识类知识也会变成你的负担。我很喜欢一句话，过度的教育，是对没有找到自己热爱事业的人的惩罚。

第四，文学类的书。这类书就像大厦的装修装饰，滋养你的生命，给你带来享受，帮你从更多维度理解生活，体验别人的生活，优秀的文学作品能让你以“上帝视角”去俯瞰人物的一生。现实生活中，我们往往没有那么多机会去亲身体验某些情景，但是通过故事，我们就能穿越到那些情景中，和剧中人物一同去经历，一同去体验，这对于三观的塑造非常有效。

这里有一个优先级，在不知道自己想要什么的时候，先看第一类，再看其他；在知道自己想要什么的时候，先看第二类，再看第一类，最后看其他；在第一类和第二类都有很好基础的时候，使劲看第三类，会让你成为牛人；如果你还有精力看第四类或是其他领域的书，那记得把你的学识分享给别人，这是你的社会责任。

怎样快速预判一本书的价值

这其实包含两个层面，第一个：这本书本身是不是有价值，是不是一本好书。第二个：这本书是不是适合你。

有一句老话说：少不读水浒，老不读三国。《水浒传》里有关兄弟义气的渲染很严重，少年本来就容易冲动，再读这样的书容易被误导，路见不平不是及时报警，而是冲上去肉搏，那样就麻烦了。《三国演义》里对计谋策略的渲染很严重，而年长的人本来就心思缜密，整天算计来算计去，再读《三国演义》也容易被误导。

过去在书那么少的情况下人们都要筛选一下一本书是否适合自己，现在这么多书，当然就更应该筛选了。比如，一本书的难度是否适合你，它是不是刚好触及了你不知道的地方；再比如，内容是否适合你，是不是你需要的。

如何去判断呢？随着你读书和选书的经验越来越多，你的这种判断能力会不自觉地提高。当然，在你经验还不足的时候，本书会为你提供一套比较保险的方法。

首先，看主题。一般来说我们通过一本书的书名、封面介绍和序言部分就能获得基本信息。值得一提的是，很多人觉得序言里基本都是推荐的话，不值得一看，其实不是。序言部分通常或是作者请一些有点名气的朋友写的，或是作者本人写的，这等于是一本书的门面，他们通常都会很认真，会对这本书的主要内容和重要观点做一个综述，这些东西可以很好地帮你了解这本书。

其次，看看出版社的宣传文案。虽然很多宣传文案会过度吹捧，不过也可能会把书中提出的主要问题列出来，你可以看一下是不是自己感兴趣的。此外还可以看看作者有什么样的背景，他是不是这个领域里的资深研究者，作者靠谱了，书自然也不会差。

最后，跟着好作者选书也是一种挑书的好办法。有些作者很厉害，你读了一本书觉得很好，那么这位作者的其他书，或者这位作者推荐的书，你也可以拿来看看。

读书和吃饭一样，要挑着吃，食物吃得不对，会生病，书选得不好，会污染脑子。吃坏了身子，只要快速医治，很快就能康复，但是脑子被搞坏了，要恢复就很难。能改变自己的人，都是牛人，想要改变别人的人，都是不理智的。这里的改变，就是指对精神结构的改变，所以好好选书，是件大事。

如何消除对书本的敬畏感？

为什么会对文字产生敬畏感

想象一个场景，你吹头发的时候，被吹风机电到，一阵颤抖之后穿越了。这时候的你是一名武将，刚刚立下赫赫战功，好消息来了，皇上让你去领功，你身披金甲，脚踏战靴，英姿飒爽地走进紫禁城，周围人对你投来了崇拜的目光。可是抬头一看，眼前的场景震撼到了你，巍峨空旷的宫殿，一眼望去似乎可以通天的阶梯，大殿两边盘龙似飞，气势宏伟，顿时，你的野心和自豪感化为乌有，在气势上已经短了三分。你感觉自己很渺小，心中顿时产生了一种微妙的情绪——敬畏感，你被当下的场景给震慑住了，不敢再走一步。

醒醒，相信见过世面的你，不会被这种小场景威慑住，毕竟什么游戏没玩过，什么电影没看过，这种小场面不算什么。但是，很多人在知识的领域经常遇到这种困境。他们在遇到陌生的知识，听说一些没读过的书时，会感觉自己站在一个巨大的、未知的事物面前，常常有一种深深的敬畏感。

这种感觉很奇妙，但是经常发生。我身边很多人不敢看书，听到亚里士多德、苏格拉底、黑格尔、康德这些名字，就感觉自己永远也理解不了，从而压根不敢尝试。很多人都有类似的感觉，觉得书中的内容高深莫测，连打开它，都需要巨大的心理能量。

为什么很多书看起来都是高深莫测的？也许你是被它们的外表给唬住了。

比如说，《易经》听起来蛮厉害的，它最早的内容是卦辞和爻辞，汇编成书，简单说就是一部算卦专业手册。就和我们现在经常看到的星座解释手册一样。《易经》是算出什么结果，就用对应的卦辞和爻辞来做解释，而这些卦辞和爻辞，往往句式齐整，还很押韵。

为什么会这样呢？其实古代人和现代人说话的差别没有想象中那么大，只不过他们的口语和书面语是分离的，出于很现实的考虑，一定要写得很整齐、很押韵。一是为了口口相传，越是整齐的句子，越容易记，这是为传播服务。二是整齐押韵的语句明显会和日常的口语不一样，这样很容易唤起普通人心中的敬畏感。古代普通老百姓大多不识字，一听，虽然不懂，但似乎有玄机在里面，进而容易掏钱，购买解释的服务。当然，也有算计在里面，我懂，你不懂，我就有了很多自由发挥的解释空间，你就容易听我的。

问题又来了，为什么要唤起敬畏感？很简单，为了确立自己的权威性，更直白点说，就是为了挫别人的士气。基督教的教堂往往修得空旷无比，也是为了起到这样的效果，在神面前，人一定要显得渺小。同理，在一座山面前，一片海面前，一个巨大的空间面前，人无疑是渺小的，渺小的人容易被强大的东西控制。

文字也是一样，自古以来文字都是中国皇权的统治工具，和我们现在说文字是交流工具不一样，它本来的主要作用不是为传播和交流思想服务，而是为颁布法律法典服务，用费正清先生的话说，“中国的语言体系是权力主义的天然基架”。国外也差不多，写作者（author）与权威（authority）在英语中是同一个词根。因此经历过这样漫长的发展历程之后，文字自然具有了某种神圣性。

鲁迅在《门外文谈》里说，在中国古代，士人几乎都对文字推崇备至，历代朝廷都会颁布禁令，不能用写有文字的纸张来制作灯芯、雨伞、扇子和盒子，更不能用来包裹食物，或是做鞋底，如果你想用写了字的纸糊墙和做烟卷，也是不被允许的，一般只要是写有字的纸，都会有专门的人收集，集中在寺庙进行焚烧。

对文字有天生的敬畏感，延伸出的现象就是很多人对书本也有敬畏感，觉得只要是写在书里的内容，都有某种权威性，都有某种神圣性，这种感觉就像是渗透在文化基因里的源代码一样，剔除不掉。

敬畏感太严重会有两个不好的后果

其一，它会像一道墙，把大多数人拒之门外。在当下的中国，读书人是少数，也就是说，一旦你具备完整读完一本书的能力，基本上就可以判定你属于少数群体，你是非主流，大多数人看到书，总是敬而远之。

其二，它会严重影响理解能力和阅读速度。很多人觉得每本书都需要逐字阅读，要不然，就体会不到作者高深莫测的思想，哪怕漏掉一个字，都感觉是莫大的损失。如果恰好不幸碰到一个爱摆架子的作者，故意搞一些难懂的词汇句法忽悠人，读者就会妄自菲薄，觉得自己的水平不够。其实真的是这样吗？现代的文字数量足够让一个会表达的人，用简单的、常见的词语表达任何思想，如果你觉得看不懂，那是作者的问题，不是你的问题。

我们要带着敬畏感读每一本书吗

书是怎么来的？

第一，每一本书都是在一个特定的社会背景中写出来的，既然作者在某个社会大背景中，那他一定受这个社会整体背景知识的局限。比如，《侍臣论》是一本文艺复兴时期教别人如何当欧洲朝廷臣子的书，在当时非常流行，广为传诵，但时过境迁，欧洲的宫廷都消失了，贵族阶层也消失了，这本书的绝大部分价值当然也就消失了。就像现在有一本教你怎么打算盘，怎么做丫鬟的书，它还有价值吗？

第二，作者的水平参差不齐，你也没必要公平对待每一本书。不是印在纸上的东西就有价值，市面上有大量的书，其实没有包装得那么有价值。书本质上是商品，商品就要讲究包装，包装在激烈的竞争中自然而然就会过火，所以虽然看起来都是差不多包装的书，不同作者的功力却有天壤之别。

第三，虽然意思本身不难理解，但是如果翻译有问题，也会大大增加你的理解难度。我们大多数人看外文书，主要看译文，但其他文字转化成汉语，总有不尽如人意的地方。比如，季羡林翻译《罗摩衍那》的时候，最让他痛苦的是这本书其实有非常多无意义的内容，但为了保证它的完整性，季羡林要咬着牙把它翻译成民歌体。

第四，为了出版，很多作者会把一篇文章拓展成一本书。书和其他商品不太一样，必须要够一定的字数才能出版，定价也跟字数多少有关。为了凑字数，很多作者就一个事情翻来覆去地说，故意营造一种重要感。比如，很多作者的书会用几十万字来论证一句话就能说清楚的事儿。尽管我们佩服这种科学的论证精神，但其实把废话、闲话、家长里短一删，几万字就能说清楚。

第五，可能作者连自己想说什么都不知道，他就是不顾读者的感受而自顾自地表达，东一句西一句让人不知所云。

这些原因都有可能造成你没有耐心，读不下去，这很正常。所以如果你看不懂一本书，那很可能不是你的问题。

根据我的经验，一本非虚构类的书，有可能 80% 的内容都是在堆积材料，20%的内容是作者自己的观点和思考，其中，可能只有1%的内容对你有所启发，不过话说回来，你能有这1%的收获就已经足够了。

所以我认为很多人跪着读书的姿势要改，完全没有必要。一本书的重要性通常没有大家吹嘘得那么厉害，你不用跪在书的面前，而应该用很轻松的心态，就像和一个比你年纪稍微大一点的老朋友聊天那样，化繁为简，听他怎么说就好。觉得好的地方，收下，装到自己的头脑里，把它变成自己成长的养料；觉得不好的，果断扔掉，不用留恋，美好的事物那么多，不用对着一本书死磕。

书本是为你服务的，在你的世界里，你不是那个站在紫禁城门口等待召唤、瑟瑟发抖的武将，而是坐在龙椅上的帝王，书本是你的大臣、士兵、谋士、将军，任你召唤，供你调遣，为你服务。你，是自己世界的中心。

如何快速阅读一本书？

阅读的两种技巧

关于读书，宋代大儒朱熹有过二十四字名言，影响很大，即“循序渐进，熟读精思，虚心涵泳，切己体察，着紧用力，居敬持志”。通俗点说，就是一个人读书的时候，心态要稳，遇事别慌，一点点读，慢慢读，还要把书里的东西念熟、背会，每一句要拿来对照自己，反思自己的行为，做出调整，而且不能松懈，持之以恒，最后要保持一个谨慎的态度。

这个方法本身没有错，这是慢读、精读的方式，但是有个问题：不够全面。慢读和快读是并列的两个概念，它们是读书的两个环节，放到现代，如果每本书都按照这种慢读的方式来读，那就会耽误很多时间。

现代人读书最好的方式是主题阅读。所谓主题阅读，就是以问题为中心，通过先进的搜索技术，把几十本书放在一起，也可以不拘泥于书本，把信息获取渠道拓展到人、视频、音频等，从而全方位地收集信息，力求在最短的时间内，对一个问题有最全面的认识。那种老先生娓娓道来的方式，已经跟不上时代的进步了。不过也能理解，古代本来也没有太多书，人们没有筛选资料的需求，自然也就没有发展出快速阅读的方法，一下子看完了，没的看了，岂不痛哉。

什么是快速阅读

快速阅读只是筛选、寻找资料的一个环节而已，它可不是读书的全部。读书要通过快速阅读来筛选材料，再用慢读进行深度思考，并列着来才行。像开车一样，有的地方要快，有的地方要慢，要掌握主题阅读的方式，就必须掌握快读和慢读这两种技巧。慢读后面再详细说，我们先说说如何快速阅读一本书。

快速阅读不是什么怪力乱神的能力，也没有市面上吹嘘得那么神奇。一说到快速阅读，很多人脑海中就浮现出了这么一幅画面，好像学会了轻功一样，在任何路面上都可以健步如飞，读任何文字都可以一目十行。这其实是错误的观念，快速阅读的另外一种称呼叫检视阅读，也叫刷书。速度可以多快呢？比如罗振宇老师，大概 1 个小时就可以刷完好几本书，我也可以 20 分钟看完 1 本书，这个速度已经不是一目十行了，应该算是一目百行。我真的可以做到一眼看完十行的内容吗？当然做不到。

所谓一目十行，其实是指你一眼扫过去就能抓住十行文字中的关键信息，通过脑补机制，瞬间还原出作者本来想要表达的意思，从而达到一种瞬间理解的状态。

假如一个思考就是一张网，作者费了很大工夫把它变成有结构的、树状的东西，线性地表达出来，落成一行行文字，那你读的时候就应该还原回去，把一行行文字还原成网状的思考。

新手阅读的时候都是一个字一个字地看，一个字一个字地理解，这当然慢了。我阅读的时候是以语意为单位，不管是十行表达一个意思，还是百行表达一个意思，在我眼里都一样，我只要抓住本来的意思就行，站在作者的角度去理解他这段话到底要表达什么。这种练习做得足够熟练后，快速阅读，或者说刷书这个技能也是手到擒来了。

关于什么是读书？我有一个大白话的解释——读书就是聊八卦。据说聊八卦是动物的天性，比如，大猩猩要给对方梳毛，然后就会聊一聊哪只猩猩去哪里了，哪只猩猩吃了毒果子死掉了，这种聊八卦的行为是动物的天性。

我觉得读书其实也是这个道理，人们总是在读书人的头上加上光环，好像他们厉害得不行。但是我觉得所谓的读书人，其实就是八卦天性特别重的一群人，他们克制不住自己的好奇心，爱和别人聊天，对信息天生有一种极度的渴望，只是由于时间、空间的限制，没有办法和作者直接接触，那就只能通过阅读他们的著作去了解他们的想法。所谓读书，就是这么简单。

聊天得挑人，不是每个人都比你聪明，读书也得挑书，不是每本书都有价值。你应该是你书房的主人，掌控所有主动权，觉得谁有故事，请他进来说几句给你听，听几句后觉得很无聊，就让他出去。这才是读书的正确姿势，没有必要抱着敬畏之心，遇到每本书都跪在书本前听教导。书本是你忠实的奴仆，是为你的成长而服务的。

既然书是你的奴仆，那你是不是该霸道一点，练就一身快速辨识的本事，免得遇到不值得的书浪费你的时间。

快速阅读一本书的四个层面

怎么快速阅读一本书，进而判断它可不可以进入你的书房？我们可以从输入、辨别、理解、脑补这四个层面来说。

所谓输入，就是你眼睛能扫得多快。这里有一个误区，很多练习快速阅读的方式，是在练习眼跳的速度。所谓眼跳，就是你的目光从一个字跳到另外一个字上，就像照相机拍照一样。但其实人和人之间眼跳的速度没有太大差别，也不会通过训练而大幅度加快。根据我国心理学家的研究，人在阅读中文时每次注视所能加工的文字最多只有四到五个。而由于人阅读时每秒钟可进行四到五次眼跳，所以人较快的阅读速度在每秒二十个汉字左右。那么如果一页有约六百个字，就需要看半分钟。这就是阅读速度的大致上限，受到人眼的生理限制，这个速度不可能被大幅度突破。既然眼跳速度不能提升，那什么能提升呢？就是准确抓住关键词的能力。你眼跳一次，就正好跳到关键信息上，这个准确度是可以通过练习提升的。

所谓辨别，就是准确理解词汇背后的意思。汉字数量非常多，即使是资深的汉语言学家，也总会遇到生僻字不会念，这是正常现象。一般只要初中毕业，学到的词汇量基本上就足够你用来阅读绝大多数文章了，辨别基本不是难事儿。

所谓理解，就是通过背景信息了解文字的内涵。人是通过脑海中的概念蓝图来理解世界的，如果没有这些蓝图，即使东西摆在你面前，你也会视而不见。很多时候，一篇文章的每一个字我都认得，但是拼在一起，我却完全不知道在说什么。为什么会这样？因为少了背景知识。假如郭德纲和于谦用互联网语言说一段相声，那就只有互联网从业者才能被逗笑，其他人则很难，这就是理解。你需要掌握一定的背景知识，才能理解文字背后的含义。背景知识越丰富，理解难度越低，速度就越快，这就是有些人读书越读越快的原因，因为很多东西刚看到第一句，就知道作者后面要说什么，怎么说了。所谓不要在聪明人面前要伎俩，会被人一眼看穿，就是这个道理。

最后是脑补。所谓脑补，就是通过想象关键词之间的联系，准确判断段落意思的能力。比如，第一行的关键词和第十行的关键词联系起来，中间再跳读几个词，一串联，基本就知道这段话是什么意思了，不需要逐字阅读，中间内容都是可以靠脑补机制自动完成的。如果发现不准确了，再回去看一下，高手从来不是按照顺序看文字的。

从上面的分析来看，在输入上，人和人的差别不大，谁也没有长第三只眼睛；在辨别上，大家都受过九年义务教育，也基本无差；在理解上，因人而异，每个人都有自己熟悉的领域，遇到不理解的领域，理解起来自然慢一点；最后就是脑补，人和人阅读水平的差异，主要就在于脑补阶段。一段信息，牛人可以联想到的信息非常多，脑补的内容更丰富，自然对书本的理解就越快越准。通过这四个步骤，我们可以快速判断出一本书是否能吸引你，是否对你有价值，能否为你所用，进而判断是不是要和它深聊一番。

如何从外部视角快速理解一本书

很多时候，我们可以从外部视角来判断一本书的内容。所谓外部视角，就是这本书所处的信息环境。就像我们可以通过一个人的朋友圈来判断一个人的水平一样，假如一个人身边的朋友都是马云、奥巴马、比尔·盖茨这样的人，那他的社会地位肯定不会低，他的朋友圈就是他的外部视角。

日本设计大师原研哉有一个说法，他说，这个世界上，我们使用的所有东西只有两样，一个是碗，一个是棍子。这是什么意思？

所谓碗，就是用来围合起内部空间的物品。比如，水缸、冰箱、液化气罐、汽车、房子、手机，本质上都是碗。它内部装了什么，就决定了它是什么。

而棍子呢？就是用来作用于其他东西的物品。比如，弓箭、螺丝刀、枪炮、键盘，本质上都是棍子。它作用于什么，就决定了它是什么。一本书和一个人一样，既是碗，也是棍子。

所以，读一本书，自然也就有两种方法：把它看成一只碗，那么就关注它装了什么内容，一字一句地精读这本书；把它看成一根棍子，就看它解决了什么问题，又和其他事物产生了什么联系。刚开始看一本书，需要你把它想象成一根棍子，看它和外界是如何互动的，而不是一开始就把它当作一个碗，一头扎进去。

彼得·德鲁克有句名言："管理最大的失败，是以高效率做无效的事。"那么看书也是一样，如果一味追求高效，可能会把更重要的东西丢掉。我经常说，读书读三遍，从大往小看，先通过快速阅读确定价值，筛选信息，然后才有后来的循序渐进，熟读精思。读书的方式会随着科技的进步和时代的进步而不断改进，快速阅读是现代读书环境下生发出来的技巧。朱熹说得没错，但是如果他生活在当代，估计也会认同我们现在的做法。

如何慢速阅读一本书？

什么是慢速阅读

我经常给别人讲快速阅读的方法，但是很少讲如何慢速阅读一本书，因为快速阅读听起来似乎是一种外挂式的技能，一旦掌握，就能获得无可比拟的竞争力，这个技能似乎更顺应人性。

其实，相比于快速阅读，慢速阅读是一个更需要学习的技能。因为就算你再快，也不可能把所有知识都浏览完。知识是无穷的，《庄子》中有一个名句：“吾生也有涯，而知也无涯。”这句话经常被用来劝勉他人勤奋学习，其实这是一个典型的误用，因为它后面还有一句“以有涯随无涯，殆已”，意思是用有限的生命去追求无尽的知识，太危险了。庄子那个年代才有多少书卷，他老人家就有这样的思想，现在我们人类社会已经积累太多知识了，但很多人还是用囤积、收集式的思维读书学习，总觉得学得越多越好，既不关注过程，也不关注结果，这是错误的学习方式。

所谓进一寸有一寸的欢喜，知道得多一点无非就是在知识的海洋里换了一个更大的救生圈，与自己的无知有一个更广的接触面而已。觉得自己无所不知的人，通常都一无所知。既然学不完，看不完，那碰到一本情投意合的书，就别错过，仔细品味，拍照留念，和别人分享。

所以你不但要学会快速阅读，还要学会在需要慢的时候慢下来，精读和品味一本书。

在此我再把慢速阅读的概念延伸一点，慢速阅读的目的是什么？自我陶醉？不是。慢速阅读的目的就是输出。我是典型的以写代读的人，因为我知道，在我死亡的时候，读过多少书不是可以拿来说道的，但写过几本书是可以拿来衡量一生成就的。

如果你也把慢读的目的设置为输出，不想只把这些感受封印在自己的头脑里，而是想把它们从思想的网中抽离出来，把它们变成可以分享的产品，那你就要做更多的工作了。

什么是慢速阅读？慢速阅读不是读得慢，我给慢速阅读下的定义就是能记住、能输出，因为只有这样，你读过的东西才能真正变成你的东西。为什么很多人看完书头脑中只留下一团模模糊糊的概念，别人问你看的书讲的是什么，你却说不出来，或者不能漂亮利落地说出来？其实这不是因为你的表达能力不行，而是因为你没有学会正确的慢速阅读方法。

如何进行慢速阅读

慢速阅读，就是让你带着输出的目的阅读。怎么做？

第一步，建立目标感。

在仔细琢磨的过程中，你要建立目标感。既然是以输出为目的的阅读，你就不能像看小说一样任由作者牵着你走，你要假设待会儿就要给别人讲讲这本书里写了什么，哪些东西对你是有帮助的，哪些东西对你是有启发的，哪些东西特别有意思。以教为学，以输出为目的进行输入，这样有目的性的阅读会让你长时间保持注意力，进入深度思考的状态。

第二步，理解和互动。

什么是理解和互动？就是你需要和文字有一次深度的交流。最简单的方法就是看完你认为好的内容之后，做笔记、写感想。

你可能会问，我没有感想怎么办？不可能的，你一定有感想，比如，读完一段话后，你单纯地觉得“好”，这个“好”就是感想。至于哪里好你可能还说不出来，不过没关系，只要有这个感想就行了，这很重要，说明你和这段信息进行了一次简单的互动，你对这段信息有感觉了。

我不知道别人是什么样的感觉，在读完一段特别有价值的话后，我的感觉是好像泡在热水里，感觉身体一下子被填满和包裹住了，这时候是不想继续往下读的，只想放下书来琢磨一会儿。我举个例子，你也来感受一下，看有没有我刚才说的感觉：

“历史是什么，历史以过去的人类活动为基础，通过记载和解释来呈现。它不是一场文化巡游或一堆事实数据，而是把一切生活形式与方式、曾经并行或重叠的种种文化，照射进我们的‘现代灵魂’。”

我觉得这段话特别好，至于哪里好，我也说不上来。不过没关系，摘录下来，有空的时候再把句子拆开慢慢看。好总是有理由的。

进行简单的互动后，怎么进行深一点的互动呢？你可以写写这段文字哪里好，哪里引发你的兴趣了。比如，你在其他书里看到了类似的观点；可能这段信息很新鲜；可能有一个比喻用得很贴切；可能是很走心；可能帮你把一个平时觉得很模糊的概念定义清楚了；可能纠正了你的一些错误观念；也可能就是单纯地给了你一个实用的方法论或思想工具。

这个过程其实你只要愿意停下来，稍微思考一下就能办得到。因为你前面已经对它有感觉了，这个感觉肯定不是凭空出现的，现在你只是把它输出一下而已。

这其实就是让新知识和你脑海中已经有的东西做一次互动，把原有的东西看得更清楚一点，经过这个过程，以后再遇到类似的信息，你会一下就想起来以前在哪里看过。用这个方法积累下去，它会慢慢地变成一种习惯，新知识和旧知识的连接和互动速度可能会越来越快，长期积累，你就会变成别人眼中那种特别有想法的人了。

第三步，记住与输出。

输出的方式大致分两种，一种是写作，另一种是口语表达。写作要求整合信息的能力强一点，逻辑思维能力强一点。而口语表达要求故事性、画面感强一点。这两种输出能力要练好都不容易，不过好在只要持续练习，就会有长足的进步。

如果你能持续地做笔记，你会发现自己对信息变得越来越敏感，不论什么样的信息你似乎都会本能地与它来一次互动，从这段信息中看出一点别的什么东西来。这时候不让你输出都很难，你会有一种很想表达的冲动，你会发现随便一写就有好几千字，如果恰巧你是一个爱说话的人，现在你的问题就不是没话说，而是如何避免自己成为一个话痨。

这其实就是你积累的结果。输入得多了，输出自然就多了。有一个比例是这样说的，输入与输出的比例最好是 10∶1。看了很多内容之后，经过筛选和加工最后输出一点，这很正常。

把自己平时觉得有价值的文章、有价值的段落标记出来，和它们互动，记一些想法，然后定期整理它们，这就是你的素材库。

大多数脑力工作者都有自己的素材库，比如，设计师就有自己的图片素材库，要什么类型的图片他们一翻就能翻到类似的做参考。你也一样，如果你做了精读这个步骤，也应该有自己的素材库。

我自己用的是“印象笔记”这个软件。定期把自己收集的素材分门别类地整理一下，这是件很有趣并且有用的事情。比如，平时听到周围人说了哪句特别有水平的话，可以记下来，组成一个金句素材库，这样的句子通常都是很接地气、很能引起他人共鸣的，也许以后你在整理资料或者写文章的时候就能用到。再比如说，你看到好句子、好段落，可以直接发送到软件上，点评几句，然后加上标签，以后你也很容易就能搜索到。时间久了，你会整理出一个巨大的素材库，这时候不管是写作还是口语表达，在准备阶段你就不用怕了。

在生命的尽头计较曾经拥有过多少知识是一件没有意义的事情。相比于数量、质量、深度，有意义的表达才是我们更应该追求的。如果你也是个有心人，慢下来，你会看到不一样的风景，表达出不一样的思想。

如何写好读书笔记？

人们对于一个人的记忆总是很立体，就算是很久之前相识的人，只要你愿意，便总能想起和他在一起时的感觉，但是对于一本书的记忆总是忘得很快，除非里面的东西震撼到了你，否则，也许在你合上书的一瞬间，就基本上想不起来里面说了些什么。有句话说得好，不要奢望把任何人留在身边一辈子，他来，就是陪你走一段时间。读书也是一样，很多人有藏书的习惯，但是我认为所谓的藏书，也只是类似工艺品一样的摆设，如果没有特殊原因，很少有人会把看过的书再翻开来看一遍，基本上一本书也就是陪你一段时间。

有什么方法可以让你忘得不那么快，然后又让书里的内容为你所用呢？有，而且也许也是唯一的办法——写读书笔记。

读书笔记像是文人的武器库、智囊团、兵器谱，也像是英雄角色的背包，看一个人的思想世界有多丰富，扫一眼他的笔记，基本上就能判断得八九不离十。

为什么读书笔记这么重要

原因很简单，过度依赖脑力，本身就是一件不明智且不可能的事情，我们的大脑天生就不擅长记忆。想想你小时候背古诗、文言文和单词时的痛苦场景就知道了，大脑不爱记东西。大脑是一台并不精密的化学仪器，甚至可以说它的设计结构一团糟，在进化的过程中，原来跟不上环境变化的东西丢不掉，为了适应新环境，又要强行加入很多新功能。打个比方，你是一名手机设计师，你必须要保留第一代大哥大所有的设计和功能，又要加上苹果最新的触屏设计元素，这样一部手机，你可以想象是个什么样子。

至于那些记忆大神，基本上练的也都是一些“邪门武功”，没有见过哪个人看过一本书之后能一字不落地重复出来，那种功夫也不值得追求。指望用脑力去记住所有东西，那是痴人说梦。

很多人在写作的时候，遇到的最大问题就是没有自己的想法。这个很有意思，什么是自己的想法？很多人把自己的想法想得太深刻了，其实它无非就是你读完一段内容后，自己生发出来的一些感受，它是信息和信息之间的那根连接线，你总会想到点什么，那就是你的想法。

读书笔记的四个等级

如何才能写出一个好的笔记呢？我们可以把读书笔记分成四个等级。

第一个等级，也是最差的读书笔记，就是摘抄。

摘抄原文其实并不能说是写笔记，准确说应该算是在练字。当然这个过程可能会带点附加的好处，就是你更容易理解自己摘抄的东西，这个动作可以加深记忆，也能产生新的东西。我有时候也会用摘抄的方式记东西，很管用。记得我刚做说书工作的时候，自己写的稿子常常记不住，但第二天就要给我的领导曾捷讲，实在没办法，头一天晚上硬是把自己的稿件抄了好几遍，背了个滚瓜烂熟。但是第二天麻烦了，没有办法正常说话，说每一个字都像是在背东西。最后曾老师使出一招，他骗我说，现在已经把录音设备关了，你就用自己的话给我讲讲里面的内容。我一想，自己的话，那就很容易了，一口气说了15分钟。结果他把音频剪辑出来后，我一听，自己都吓了一跳，原来这才是口语化表达，前面的那叫背诵。从那以后，我再也没有特意记过什么东西，就算出去演讲，也是反复说几遍后，用自己的话重新组织语言。

第二个等级，是高一层的读书笔记，就是写总结。

很多人喜欢画思维导图，搞中心思想，其实说白了，这是在做总结。做总结有好处，能锻炼理解能力，你那边说，我这边画，就像在做填空题一样，概括能力、理解能力会大幅度提高，考试的时候用这种技巧可以帮你提高分数，但是还是老问题，你并没有产生出新的想法，你的思维还是在跟着作者跑。这种方法可以使你的概括能力随着阅读量的增加而不断提升，到一定程度后，就不需要再单独用笔和图像帮助理解了，你需要的是新的信息，大楼只有不断地添砖加瓦，才能越建越高。

第三个等级，是更高一层，就是写看法和心得。

能做到这一步，才算是真正写了一条笔记。书中的这段话哪里写得好，哪里写得不好，是不是和你以前在哪里看到的一则材料说法相同，或是恰好相反。你要写出这段材料在知识图谱中进化的历程，它以前是怎么说的，现在又是怎么说的，什么因素导致了这种改变等。就像你站在一个大银幕前，用快进的方式，看到人是怎么从单细胞动物，一点一点地进化成多细胞动物，爬上陆地，在东非大草原上狩猎，最后一步一步地进化成我们现在这个样子，整个进化的过程在你面前一目了然。到了这个层次，你基本上就处于能和作者对话的状态了，甚至是更高一层。

第四个等级，是最高层，就是升级时刻。

看了一段话，这段话像是一道闪电，击中了你的天灵盖，你感到福至心灵，茅塞顿开，那种感觉就像是你在网吧包了一个大夜，只为给角色升一级，就在你筋疲力尽的时候，你的游戏角色攒够了经验值，冒着金光在你面前升了一级，你有强烈的感受，现在的你和原来的自己判若两人。我把这种时刻称为升级时刻，我差不多是一年之中只能遇到这么一回。如果你产生了这样的感受，就意味着你开始学会了驾驭文字。这些文字，都是属于你的，它们是独一无二的。

每一条笔记都是你的知识树上长出的山楂，只要果子结得好、结得大，就能串出好吃的糖葫芦，只要你的笔记做得多、做得深，就总有那么一个时刻，你会发现自己必须要说点什么，那个时候，你就会被自己的想法“逼”成一个表达者。

艾萨克森说：“笔记是存储和查阅观察结果的绝好法子。500年后的今天，我们依然能够看到达·芬奇的部分笔记，依然为之赞叹，从中寻找灵感。如果我们现在也能主动开始记笔记，那么

50 年后，推特和脸书的帖子可能早已被遗忘，但我们的笔记却可以留给子孙，相信他们也会赞叹不已，也会受到启发。”不知道这个想法是不是妄念，但是笔记确实是一个人思想的结晶。

文字这个东西，本身就是有魅力的，好的读书笔记，哪怕是只言片语，也是后来人观察现代人精神世界的窗口。所以从现在起，想到什么，别让它飘过去了，把它抓住，写到纸上，哪怕一本书只能陪你一段时间，也尽量珍惜这段时间。

第五章

实用文体写作方法

如何写好一篇演讲稿？

演讲最重要的是什么？把稿子背会。要做到这点，你首先得有一篇稿子。我以前看 TED 演讲中的那些人，总觉得他们非常厉害，估计是有什么特别的才华才能在那么多人面前侃侃而谈。后来我才知道，只要是正式的场合，每一位嘉宾上台前，都要精心准备好一篇逐字稿。什么是逐字稿？就是一个字一个字地写下你要在台上说的话，相信我，这件事儿并不简单。

当你做完这件不简单的事儿后，还有一件让人抓狂的事情，就是你需要背下来，背稿子是一件很痛苦的事儿。问题是，即便你花了很大工夫背了下来，你依然不一定能完成一次好的演讲。你需要做到口中无稿，心中有稿。什么叫口中无稿？就是在台上你不能一字一句地背稿子，那会显得很不自然，台下的观众也不会给你的这次演讲打高分。什么叫心中有稿？你需要用自己的话，复述自己写的稿子，让自己的整个演讲过程可以随意地跟着稿子的脉络走，但是又能有自己的节奏，能和台下的观众互动，能根据现场的情况做出调整。

当然，这都是后面的事情，首先你得有一篇质量上乘的逐字稿。

写一篇逐字稿的两种方式

第一种方式是直接写。

这是大多数人使用的方法，把要讲的主题直接转化成文字，这种方式比较适合善于写作的人，比如我，就习惯使用这种方式。但是要用这种方式你必须先学会口语化的写作习惯。什么叫口语化的写作习惯？首先，你的行文逻辑必须是单层逻辑，你需要一步一步地线性地往下叙述，而不能大逻辑里面套着小逻辑，一环套一环地讲，这样听众很容易跟不上你的节奏，被你搞晕。其次，口语稿的写作是以让对方听懂为目标的，如果对方有一个地方听不懂，他们也没有办法往回听，这就会导致一步跟不上，步步跟不上，观众都听不懂你在说什么，他们怎么会给出好的评价呢？

我特别喜欢广告人比尔·伯恩巴克说过的一段话：

The truth isn't the truth until people believe you.

And they can't believe you if they don't know what you're saying.

And they don't know what you're saying if they don't listen to you.

And they won't listen to you if you're not interesting.

And you won't be interesting unless you say things imaginatively, originally and freshly.

翻译过来就是：

大家相信的真相，才算真相。

可如果人们听不懂你在说什么，他们就不可能相信。

可如果他们根本就不听你说，他们也就不可能听懂。

如果你不够有趣，那他们就根本不听你说话。

而如果你不是用有想象力的、新鲜的、原创的方式来讲述，你就不可能有趣。

这段话直接说出了我们表达的很多层目的，所有的创意、有趣，那些演讲中花里胡哨的东西，本质上都是为了让观众听懂你说的话，相信你说的话。这就要求演讲者不能自顾自地侃侃而谈，而要以观众为核心，知道他们想要听什么，知道怎么表达才能让他们最大化地接收到你的信息。

第二种方式是你口述一遍并录制下来，然后再整理成逐字稿。

为什么要用这种方式呢？因为有些人不知道直接写要写什么，他们必须通过和别人的交流、提问、互动，才能把自己头脑中的东西倒出来。这些人更善于说，但是不善于写，这时候，先说后写，就是比较适用的方法。你可能会问，我们的目的就是说，那这类人直接开始说不好吗？答案是，不好。因为口语表达的逻辑通常是非常混乱的，很可能表达者是想到哪里说到哪里，东一句西一句，天马行空，这样的表达方式在平时聊天和非正式场合是有用的，但是如果到大型的公开场合去使用，你的表达就会显得非常混乱，就会显得很不尊重台下的观众。所以在口语表达之后，一定要再对自己的文稿进行纸面上的逐字修改，最后再回到上一个步骤，重新背一遍。

演讲稿的四个组成部分

通常一篇演讲稿由四个部分组成。

首先，要有明确的目的。我们既然要对别人施加某种影响，当然就得带着目的说话了。很多人在台上说完一大段话之后，听众完全不知道他们要干什么，这是很令人头疼的。既然是目的，就一定得简单清晰，用一句话就能说清，别人听完你的讲话之后能朝这个方向去转变，要么获得某种启发，要么可以做出某个决定，要么就直接采取某种行动。总之就是清晰地告诉观众你要他干什么，他干不干是他的事，你说不说就是你的事了。这是很多人容易忽略的一点，也是最重要的一点，先把你自己想要达成的目的想清楚，然后再开始沟通。

其次，让对方知道三件事，这是你说话的主体部分，也是你论证和表述的过程。

这里要强调的一个细节就是：三件事，不是四件事，不是八件事，就是三件事。如果你觉得自己有二十个观点想对听众说，那么是你自己没有想清楚，你需要回家把它浓缩成三件事后再来说。说三件事是最容易让听众接受的，也是对听众的一种尊重，证明你仔细准备过了，你没有浪费听众的时间。实际上如果你说的事超过了三件，别人根本记不住。

你要说的三件事列出来后，接下来你要想明白一个问题，就是你说完这段话之后听众会感受到什么。实际上不管你说什么，听众回家睡一觉之后基本上都会忘光，但是你传达出去的感受、情绪却是可以一直给他们留下印象的。所以我们在对话前就要想清楚，听众在听你说完这段话之后有什么感觉，是感觉到危机了，高兴了，还是受到了鼓舞，或是被戳中了心里面最柔软的部分，产生了感动还有共鸣，这是你要提前想清楚的。

然后，仔细考虑为什么听众要听你讲话？你讲的话和听众有什么关系？你得给听众一个理由，不然人家为什么不回家睡觉，大老远地跑来，还要坐在这个令人难受的凳子上听你长篇大论？你需要突出讲话的重要性，让别人知道这个讲话会给他带来什么，如果不听会有什么损失，也就是找出你和听众之间的关联性。因为没有人愿意听和自己没有任何关系的事情。而且找到关联性这个工作是由你来做，而不是要听众去做。

最后，组织语言。把上面的问题都想清楚之后，你的准备工作就算完成了。这个方法其实不仅限于演讲，你平时和别人沟通的时候也可以用这个方法来列大纲、理思路。列好大纲之后我们就开始组织语言了，一段讲话其实就是由三个部分构成的，我们小学就学过了，开头、中间、结尾。不过，还可以用另外三个词来表达：设立坡道、发现要点、饭后甜点，其实用这三个词还真的更准确一些。

设立坡道，也叫作低开高走。意思就是你开头不要起得太高，要从身边的小事说起，找一个细节作为切入点，后面总结的时候才能体现出升华，这样的整体感觉才是最好的，不然很可能你开头气势太强，到后面就没气势了。你看奥巴马演讲，一开始他都是说说他的女儿，或者是讲一讲他刚才看到、观察到的事情，让人一听就很有亲切感，到最后他才会升华到国家和民族层面。

还有一点就是开头的几句最好是直接开始，也叫作“七秒原则”，意思就是如果在七秒钟之内你还在说废话，还没有开始说你的内容，大伙儿就会立马转移注意力。所以上台之后停顿几秒钟就立刻开始讲，不管你讲故事也好，说感受也罢，立刻开始，千万不要浪费时间说什么套话。你以为你说的这些套话是在尊重听众，其实这是最大的不尊重。你一开始就要把全篇演讲的精华部分呈现出来，把听众抓住，吸引他们的注意力，千万不要藏着掖着。秘诀就是千万别说“我”字，听众其实不太关心你是怎么样的一个人，他们更关心自己，所以要用“你”或“你们”开头。原则上就是，用一个“我”字就要用十个“你”字，这是让观众感受到被重视的一个小技巧。

还要注意的一点就是，在开头的时候你一定要说清你演讲的重要性，就是我们前面说的关联性。听众为什么要听你说呢？你得给大伙儿一个理由，这个理由在开始的时候就要呈现出来，你在列大纲的时候就要把这个关联性想清楚，现在拿过来用就可以了。所以第一段的要点就是抓住听众，吸引注意力，把大伙儿关注的焦点聚集在你身上，坡道就算建立完成了。

中间部分，也叫作发现要点，其实就是你大纲中列的第一条、第二条、第三条，把它们清晰地表述出来。为什么叫发现要点呢？因为你要记住，你并不是要给听众讲道理，你不能要求他们认同你的观点。你只能陈述自己的观点，你说出去的话就跟泼出去的水是一样的，流到哪儿你根本就不知道，也控制不了。你陈述观点的一个重要目的就是给别人启发，剩下的就是别人的事情，很有可能听众听到你说的这个观点之后联想到他自己的一件事情，结果得到了某种启发。这其实就是演讲的魅力所在——让听众自己发现要点。当然了，前提是你得把自己的观点清楚地列出来，最好在每一项之间加点小幽默，那样效果会更好，能给听众一个缓冲和思考的空间，还能暖场，不至于太严肃。所以要好好设计你的要点，在这一点上下多少功夫都不为过，因为它们就是你说话的主体，你说的话是真理还是歪理，就要靠这部分来证明。

饭后甜点。就像你在家里招待客人，吃饭前上一盘水果，如果主餐是烤肉，你不可能吃完烤肉直接把人家撵走吧，还要来点小甜点，聊上一会儿，这样才算完美。所以最后一段你需要拍一拍听众的马屁，说一点好听的话，让他们感受到你了解他们，你和他们是一伙的，你和他们始终在一块，这样可以引发共鸣。当然最后你也别忘了把自己的话题整个总结一遍，把要点再给大伙儿说一遍，帮助听众梳理你讲过的内容，这也起到了一个强调的作用，帮助他们记住你的观点。

最后，把你的讲话升华一下，提升到一个更高的层次。比如你在讲食品安全问题，到最后你就可以上升到国家安全层面；比如你在讲教育问题，到最后你就可以上升到民族的未来。总之就是这么一个升华，不要多，一句就好，画龙点睛，给你的演讲一个完美的收场。

我观察到很多人不会演讲，其实他们不是不会讲，而是不会演。所谓演讲就是会演才会讲，演并不是让你装腔作势，而是把你生活中真实的一面夸张、放大，充分地展示出来。你就像一颗钻石一样，把自己最闪亮的那一面秀出来，给大家带去启发，送去思想的礼物，这是你应该做到的。

下面我为你准备了一份演讲的自查清单，当你写完一篇演讲稿后，可以逐一对照一下，看有没有这些元素。

（1）一句话主题

你想要表达的观点，最好能总结为一句话，这句话是经过千锤百炼的，不可替代的，就一句。

（2）坡道

你要讲什么内容，和听众有什么关系，为什么是你讲。

（3）7 秒钟开头

在这 7 秒内抓住听众的注意力，可以以故事、段子、有趣的个人经历开头，核心就是两个字：吸引。

（4）干货十足

所谓干货就是认知方法论、案例、数据、具体操作的办法。让听众听完有启发，有获得感。

（5）水货十足

所谓水货就是幽默的段子、名言警句、鼓励人心的话，这些元素必须要有，会让你的演讲更有魅力。

（6）甜点

结尾部分可以回顾内容，可以引述金句，可以发出一个具体动作的指令，可以倡导一种理念，也可以呼应开头。

（7）不要太长

好的演讲是一次送礼物的过程，把握好这个心态，在写演讲稿的时候，你会有充足的自信。

如何写好一篇说书稿？

什么是说书稿

说书是一个古老的职业。古代天桥、戏院有很多说书先生，靠给观众讲故事收打赏为生，一把扇子，一条板凳，摇头晃脑地讲一天。台上先生绘声绘色地讲着，台下观众聚精会神地听着，这是一个很古老的行当。

不过我们这里讲的说书稿和说书先生的讲法可不一样，区别主要在于满足的是听众不同的需求。

说书稿要录制成音频，是一个典型的互联网知识产品，它要求在半个小时之内把一本书的主旨和亮点转述出来，满足的是人们碎片化学习的需求。有一些人适应听觉型的学习，听对他们来说吸收得更好；还有一些人因为工作忙，想看书又没有时间，于是借用这个产品来开阔自己的视野；还有人不知道如何选书，就把这类产品当作筛选器，如果觉得好，就再花时间自己看；当然还有人是有阅读障碍，看不了文字，就只能用听的方式读书。

我一直觉得用音频听书在现代中国是个伟大的创新发明，以前中国人的平均读书量一年只有四五本，但是用听的方式，大大降低了阅读的难度，有的人一年甚至可以达到好几百本的读书量，这对拓宽视野是有巨大帮助的。有些无聊的人会质疑这种学习方式，觉得这是碎片化学习，不系统，不能深度思考等，我觉得提出这种质疑的人基本上都是不读书的。我前面讲过现代人读书要比古代人读书多一个筛选的步骤，先快速阅读，再慢速阅读，要利用好互联网工具帮助自己从侧面快速了解一本书的内容，然后遇到喜欢的，再沉下心来慢慢品读。这类人看不懂时代趋势的变化，还在用一上来就细嚼慢咽的方式读书，他们的思想水平还没有跟上时代的发展。这里就不展开讲了，总之用音频听书，是一种非常值得提倡的学习方式。

我写说书稿有好几年的时间了，刚开始写的时候，自己也是一头雾水。一本几十万字的书，怎么用几千字的篇幅转述出来，既不脱离原书的主旨，又能逻辑清晰地表述，还能讲出亮点，带着听众一路听下去，这真是一件非常难的事儿。不过熟能生巧，万事都经不住“琢磨”二字，后来在写了几十篇说书稿以后，也渐渐摸索出了一套方法论。

当然这里面有很多技巧都是以前与“得到”的同事共同摸索出来的，有很多技巧也已经被“得到”的总编室纳入了《得到品控手册》。下面我将结合自己的经验和“得到”同事的智慧，讲讲如何写出一篇优质的说书稿。

什么是说书稿？很多人以为说书稿就是对一本书的浓缩，类似概括主旨大意，只要把一本书中每一章的中心思想总结出来即可，其实没有那么简单。

优秀的说书稿具有很大的原创性，作者会借这本书的内容，表达出自己独特的见解。从某种程度来讲，说书稿的立意要高于原书，不但要能把作者的表达核心一把抓住，指出值得一听的亮点，还要站在更高的位置，横向对比，找出原书的不足之处，这对一个解读人的要求是很高的。这有点像大厨品菜，普通食客关注的就是味道好不好，而大厨要从食材的来源，还有色、香、味、形等多个角度对菜品进行评价，这里面有很多需要注意的点。

写好说书稿的五个原则

第一，间离化。

什么叫间离化呢？就是你要跳到书本的旁边，和书本保持一定的距离，客观地转述和评价书中的内容。你可以想象一个场景，一本书放在桌子上，听众坐在对面，你要把这本书讲出来，你应该坐到哪里？你估计会说，那应该坐到书本前面，其实不是，你应该坐到听众和书的侧面，你们三方正好形成一个三角形。为什么要这样呢？很简单，你用这个姿势去讲述，就可以避免被书本的内容带着跑，沦为书本的代言人。我之前说过，世界上没有完美的产品，同样也没有哪本书是完美的，每一本书都有自己的局限，这个局限可能是时代带来的，也可能是作者本身的。如果你总是站在书本的背后讲，很容易本能地对书本附加很多溢美之词，你会给听众制造一种错觉，认为书里的每一句话都是至理名言，每一个观点都无懈可击，这就不是一个公正的表述形式了。假如你遇到一本观点偏颇，但也有一定亮点的书，你依然会站在作者的角度为它说话吗？当然不是，好就是好，不好就是不好，关键是哪里好，哪里不好，你得分辨出来，你应该指出作者的局限性，这就是间离化的表述方式。比如说《基业长青》这本书，书里选的案例，在当时有比较强的参考价值，但是这本书写完几年后，摩托罗拉、索尼等公司就出现了衰落。因为作者没有考虑到技术进步这个因素，所以号称高瞻远瞩的公司，也未必能基业长青。但是这本书里也指出了一些成功公司的共性，这是值得参考的，所以讲这类书的时候，要在思考这些因素后，找到这本书超越时间的价值。在讲书的时候，讲述者的姿势很重要。

第二，外部视角。

什么叫外部视角呢？外部视角是站在更高的维度去观察一本书，你最好能看出作者思想的演化路径。比如，《菊与刀》是一本非常经典的社会学著作，非常形象地描述了当年日本人的文化心理，而文化心理也在经济的发展中不断演变。如果你从历史、政治、经济等角度继续探查，就会发现现在的日本和当年的日本已经有了非常大的不同，现在的日本耻感文化大不如前，犯错懊恼到要自杀的情况也越来越少，这就是社会发展带来的变化，所以在讲书的时候，不但要了解《菊与刀》作者鲁恩·本尼迪克特的观察，也要对当下的日本有所了解，才能更加客观地给读者带去观察视角。

第三，口语化。

说书稿和演讲稿很像，我一开始讲书的时候，为了找到一种固定的套路，就参考了《高效演讲》中提到的演讲技巧，后来发现果然很灵，说书稿最后一定要通过音频的形式呈现，大多数人不看文字，所以说书稿和演讲的接收形式很像，听众都要线性地接收信息、理解单层逻辑，其内容要能够和听众发生关系，以及要有主旨句等。你甚至可以把一篇说书稿想象成一篇演讲稿，你站在台上，给大伙儿客观地讲述这本书的内容，这是一种很好的姿势。我在之前的篇章中重点表述过如何做到口语化，在这里不再重复，口语是用来说的，而书面语是用来读的，说人话，是写说书稿自始至终都要贯彻的原则。

第四，归纳提炼。

很多人写说书稿的时候，最头疼的是不知如何筛选，一本书少说十章八章，几十万字，多则几百万字，好几十册，内容那么多，哪些要说？哪些不要说？这就要从产品的角度去理解。说书音频不是替代听众去读书，而是帮听众筛选，帮听众了解。我们不是要把一本书中的所有内容通通表述出来，而是要挑那些最亮的点转述，让听众听完后，对这本书有一个很完整的认知，学到一些东西，并且激发他们深入探索的欲望，最后自己买来书，深入阅读。如果能达到这个效果，那就是再好不过的了。理解这个目的后就容易了，是不是把原书的所有内容都表述出来不重要，重要的是你挑的点有没有最大限度地覆盖作者的思想，并且是全书最精华的点。不求全，只求精，这是一个核心指导思想。比如说凯文·凯利的《必然》，这本书讲述了未来的 12 个趋势，这是典型的平行结构的书，因为篇幅有限，你只能选 3 个趋势来讲，怎么选？通篇来看，选对你触动最大，符合中国社会现状的即可。比如，里面有一章叫“共享”，这个模式在国外并不常见，目前还属于趋势中的概念，但是在中国就已是很常见的商业模式，大家都很熟悉，那这一章就可以在最后的部分粗略带过，你一说大家都懂，并不值得单独拎出来说。而“过滤”和“重混”等是大家正在经历，但是并没有意识到的现象，就值得单独说。这样删删减减，最后挑几个最重要的说即可，其他的就大胆地省略掉，鼓励听众自己去书里探索。

第五，讲述有力道。

音频和书稿不一样，音频要照顾到听众的听觉感受，要带着听众的注意力往前走，而且听众听书的真实场景往往是很嘈杂的，极少有人正襟危坐地听完一本书，大多数人都是在跑步的时候，上下班的路上，快要睡觉的时候，甚至打游戏的时候听，这时他们的注意力很容易分散，可以说大多数人只是拿出了30%的注意力在使用这个产品。作为说书人，就要照顾好听众的这30%的注意力，让他们有所收获。《得到品控手册》里把说书稿的结构总结为12个字：雄鹰展翅、十面埋伏、平沙落雁。开头要有大局观，从整体打量一下书本，找到一个用户最感兴趣的角度，一切都以抓住用户的注意力为目的；中间部分不断定义挑战，不断解决问题，引领用户去想那些从来没有想过的问题，体会那些思路清奇的经历和解决办法；最后在结尾部分稳稳地降落，客观地对整本书的价值和观点进行回顾和评价，给用户尽可能完整的知识点。通篇下来，就是一篇非常优秀的说书稿。

下面看一个例子，这是我在“得到”App精品栏目“每天听本书”写的一篇说书稿，里面用到的技巧都比较典型，这是我个人比较喜欢的一篇说书稿，你可以对照上面所说的，看看哪些部分用到了这些技巧。

你好，欢迎每天听本书。这一期要说的这本书是《多动症商业猎人》。多动症你可能听过，是一种常见的儿童心理障碍，但这本书选了一个有意思的角度，患有多动症的成年人可能在其他方面的表现都很糟糕，但是在商业上却有一种独特的天赋，如果利用好这种天赋，不但会给自己带来成就感，还能给整个社会带来福利。为什么会这样呢？这期音频我们就来回答这个问题。

多动症也称注意力缺陷多动障碍，一般我们会觉得只有孩子才会患有这种病，但其实成年人中也有很多人患有多动症。有一些孩子随着年龄增长会有明显的好转，但是也有一些并没有改善，这就让他们成年后在工作和生活中总是遇到各种各样的困难，比如，经常被解雇、变动工作，一不小心就会沦落为社会边缘人士。通常遇到这类人，我们总会觉得他们很难做大事，因为他们总是控制不住自己，但是本书的作者却提出了一种观点，他认为多动症反而具有做大事的潜力。作者认为多动症并不是什么病，而是一种远古时代的猎人特质，这种特质不适合那种标准化的、循规蹈矩的环境，却完美地契合现在所说的企业家精神，具有非凡的创造力，他们的特质在现代的商业竞争环境中拥有强大的竞争力。理解这一点，可以让人们放下对他们的误解，不管对多动症患者本人，还是对他们周围的合作者，都有巨大的意义，也能帮助我们从另外一个角度看待企业家精神。

本书的作者托姆·哈特曼是美国的著名电台主持人、企业家和畅销书作家。他先后创立了七家公司并且成功售出。哈特曼常年研究多动症，写过好几本这方面的书籍。还自己创办了一个关于多动症的咨询网站，给全球十几个国家的人提供咨询服务。有趣的是，哈特曼自己就有多动症，但是并没有被这种症状的缺陷影响事业的发展，而是充分发挥这种症状的特长，在家庭和事业上都取得了成功。在这本书中，哈特曼把多动症和企业家精神相结合，提出了一种假说，叫作“多动症猎人假说”，意思是多动症携带了远古时代猎人的基因。当然，这个理论并没有确凿的生物科学依据，是他通过大量的观察和研究做出的一种推论。不过，虽然在学术方面不够严谨，但是也能为多动症患者提供一种独特的看待自己的角度，帮助他们充分发挥自己的潜力。

那么，什么是多动症？为什么说多动症是一种猎人特质？它的竞争力又来自哪里？下面我分三个部分为你讲述书中的精髓：第一部分，什么是多动症，有什么特点；第二部分，多动症患者和企业家精神有什么关系；第三部分，怎样利用好多动症的特质开创新事业。

第一部分。

先看第一部分，什么是多动症，有什么特点。

一说多动症，我们大多数人的第一反应都是觉得这是个负面的词，有多动症的人总是爱动，一刻都停不下来。但是在心理健康专家看来，爱动不一定有多动症，很有可能就是这个人性格比较外向、热情，喜欢动起来。而且，多动症也不一定就是爱动，很有可能一个多动症患者会非常安静，可以不说话也不玩耍，一坐就是一整天，只不过他的脑子会胡思乱想。

那到底什么是病理学上的多动症呢？它的全名叫注意力缺陷多动障碍，英文缩写是 ADHD，主要表现为注意力的不正常。美国精神医学学会发布的《精神疾病诊断与统计手册》是行业标准，手册里提到，多动症能导致儿童和成人的神经发生紊乱，绝大多数病因都是先天性的。这类患者多数以孩子为主，因为旁边人很容易就会发现这类孩子很难管，很容易就能辨识出他们。但是在 2015 年出版的《精神疾病诊断与统计手册》第五版中加入了对成年人的关注，这是个重大的进步，也就意味着世界上有大量的成年人依然受着多动症的折磨，只不过以前被忽视了。

那多动症有哪些症状呢？我随便列出几条，你可以看看自己或是周围的人有没有类似的症状。它的主要表现有：难以维持注意力，很容易分神或是冲动，容易厌倦，长期的低成就感，情绪容易波动，喜欢新鲜刺激的东西，具有创造力。如果不了解他们，就会觉得这群人特别聪明，但是又很懒散。说到这你可能会觉得，这不是大多数人都有的症状吗，谁或多或少都有这些毛病吧，一项都没有那不成圣人了。还真没那么简单。这类患者和正常人不一样的地方在于，意识状态的持续性不同。假如现在画一条线，这条线的一头表示精神高度集中，注意力极度聚焦的状态，另一头表示精神不集中，注意力极度涣散的状态，这分别代表两种极端情况，大多数人都会在这两者之间来回移动，但是多动症患者就不一样。

注意力极度聚焦的状态在心理学上被称为心流状态。这个概念在很多书里也提到过，就是一个人会忘掉时间，忽略周围的事物，全神贯注地投入正在做的事。像史蒂芬·科特勒写的那本《盗火》就专门提到这种现象。大量的科学家、硅谷的企业家投入海量的资源去研究让团队进入集体心流的科学方法，比如，吃药、戴头盔、接受电击、集体训练等，就是要让人瞬间进入这种状态，很多研究者拼命想把人的意识状态朝这个极端方向上推。

线的另一头就是注意力极度涣散的状态，在这种状态下人的注意力并不聚焦，旁边一有风吹草动，注意力就会被带跑。在冥想时，这种极端状态表现得非常明显。在冥想的状态下，一个人可以任由思绪乱飞，不用去控制它，这会带来一些好处，一方面能减少大脑的压力，另一方面能激发人的创造力。几乎所有研究创造力的理论里都会提到，很多牛人灵光乍现的时刻多半是散步或是洗澡的时候，他们推荐的方法无一例外都会有冥想。当然，如何进入这个状态也催生出了一个巨大的产业，市面上有大量的培训班、书籍、课程，就是教人进入这种状态，也就是说，很多人也在想办法把人的意识状态往这个极端方向上推。

但是，不管极度聚焦还是极度涣散，这两种极端的意识状态都不可持续。注意力高度集中，一般人能维持40分钟就已经很不错了；打坐冥想，没有受过训练的人能维持5分钟就已经算是入门了，持续30分钟，那就是大师。但是多动症患者就很奇怪，他们的注意力天生就被锁死在了这两种极端的状态中，要么极度涣散，要么极度专注，很难达到中间状态。打个比方，就像一个钟摆，正常人的钟摆每摇摆一次都会经过中间线，但是多动症患者的钟摆是锁死在两端的。

那你可能会说，这不是好事吗？那么多科学家在研究怎么让人进入这种极端状态，现在可好，这群人天生就会，那岂不是非常有优势？这种说法也对，但是要看站在哪个角度。

如果在实际的生活工作当中你会发现，我们平时其实并不太需要进入那种极端状态，相反，对于一直处在极端状态里面的人来说，这就是一场灾难。你看，假如一个人一直处在注意力涣散的状态，那他的脑子就会不由自主地被周围的东西吸引，连基本的工作都没有办法顺利完成。就像你和别人聊天的时候，哪怕是闲聊，你都得投入一部分注意力吧，但是这类患者就是没办法投入，所以别人就总是觉得他们很冷漠。再比如，一般的工作总有一些重复性的、枯燥的事情要做吧，但是这类患者就是很容易不耐烦，因此就会出现前面我们说的那些现象，旁边的人会觉得他们特别懒，一点都不努力。

那你可能会说，另一头呢，那种心流状态总会是好的吧？也不一定。心流这个概念的提出者米哈里就提到，进入这种状态的条件之一就是做的事要有一定的难度，这种难度要比自己的实际能力高那么一点点。可是正如我们前面所说，一份工作可能只有一部分是有难度的，还有一些是重复的，很枯燥，所以这些事情多动症患者也做不好，总是提不起来精神，常常出错。你想，如果一个人长期被认为很懒、不努力，被排挤，做事又总是出错，别人一定会觉得他们没什么出息。人是社会动物，会根据周围人对自己的评价来判断自己，在现有文化环境下，到处又都在提倡努力、奋斗，偏偏这群人做得不好，那他对自己的评价自然也很低。这也是周围人总是对他们产生误会的一个重要原因。

我们说了多动症患者的注意力会被锁死在极度涣散或极度专注两种状态中，之所以花很长时间说它的表现和原因，其实就是想区分出这类患者和正常人。这种区别不太好辨认，但是很重要，因为通过大量的案例发现，多动症患者的主要痛苦来源并不是疾病本身，而是来自没有办法获得认可，持续自我贬低，但这不涉及自卑或是其他心理特质。打个比方，就像一个人天生就近视，他看不清东西，得使劲眯着眼睛才能偶尔看清楚一点点，但是天生视力好的人就不理解呀，这么简单的事，为什么不努力呢，何况你偶尔也能看清，并不是看不见的。这个人自己也很受挫，他觉得对呀，既然我能看清，为什么就不努力一点呢，因此就会自我怀疑，可是他需要花费巨大的努力才能做得和别人一样。如果有一天他发现自己是先天性近视，知道了自己和别人的区别，那在发现的那一刻，他对自我的攻击就解除了，因为他有了一个外部原因。

实际上，成年人的多动症是在很晚才出现的概念，美国的《精神疾病诊断与统计手册》到第五版的时候才关注到成年人，因此很多人都不知道自己有这个问题。当然，也因为这种症状不太好辨认，所以很多人得知有这种症状后会引发“受害者”的心态，很多没有疾病的人也会把自己懒散的责任推给多动症，开始为自己的懒惰行为找借口。因此，区别多动症患者和正常人就很重要。

总结一下，这一小节我们说了多动症患者的表现，多动症患者的注意力会被锁死在极度涣散或极度专注两种状态中，理解这一点可以帮助多动症患者减轻焦虑和痛苦。

第二部分。

为什么我们要花时间说多动症呢，难道就是想给这个群体“洗白”吗？并不是，我们其实想说一种假说，作者在这本书里称它为“多动症商业猎人假说”。下面我们进入第二部分，多动症患者和企业家精神有什么关系。

“多动症商业猎人假说”是什么意思呢？作者哈特曼认为，多动症并不是一种病，很可能是猎人社会的祖先们传承给我们的残存的生存技能。说到这，我们想想远古时代的猎人，就会发现这类患者的症状和猎人的生活方式之间有着很大的相似性。

首先是不断地切换注意力和集中注意力。你可以想象一下，在森林和草原上捕猎的时候，一个猎人必须时刻警惕周围的环境，必须同时处理多项任务才能捕到猎物。周围一有动静，他们就得去注意，不然自己就很有可能成为被捕食的对象，一旦发现猎物，就得瞬间进入全神贯注的状态，调动起身体的全部能量来出击。多动症患者也一样，总是很关注周围环境的异常情况，总是处于警觉状态，一有动静和异常的状况，注意力立马就不由自主地被吸引过去了，而且一旦遇到有挑战又刺激的事情，他们往往很容易进入全神贯注的状态。你看，两者是不是有点相似？

其次是不断冒险。一个猎人的日常生活就是充斥着各种各样的冒险，比如，探索未知的区域，应对体型更大的猎物，运用新的方法，做出瞬间的决断。多动症患者也一样，他们很享受捕猎过程中肾上腺素飙升的快感。书中举了一个例子，一位患有多动症的女飞行员，平时生活过得一塌糊涂，生活不规律、迟到、不守规矩，周围的人总是觉得她无药可救，但是只要她一进飞机的驾驶舱，就能立马进入最佳状态，什么问题都没有了，不仅能高分通过测试，而且每次遇到危险事故时总能妥善地处理好。你看，是不是也有点像？

最后是极具创造力。一个猎人在捕猎的过程中，要充分利用好周围的资源做出新的武器、陷阱和机关，要根据不同猎物的特点随机应变，他们周围的环境都是无序的，在遇到问题时必须得想出相应的解决办法才能更好地生存下去，他们会充分调动自己的创造力解决问题。多动症患者也一样。蒂姆·哈福德在他的书《混乱》里对多动症和创造力之间的关系给出了论证。哈福德把创造力的来源归结为“任意的震动”，就是在解决一个难题时，没有精心的布局，没有特定的方向，就那么随机地震动一下，很可能就是一个非常好的创造机会。这种混乱、天马行空的随意连接的特性，正好是多动症患者日常状态的写照。你看，是不是两者还是有点像？

说完了多动症患者和猎人的相似性之后，我们再来把目光转向企业家和政治家，你会发现从社会的整体来看，那些优秀的企业家和政治家似乎也有多动症的属性。他们从来不安分，总是吵着要改变世界，总是能想出新的办法解决老的问题，虽然一次一次地受打击，但就是坚持不改。是不是他们之间好像也是有点相似？比如作者举了很多例子，像亨利·福特、托马斯·爱迪生、丘吉尔、肯尼迪等，作者猜测他们都有多动症。就拿肯尼迪来说，从他的自传中可以看出他好动，回避细节，无法保持桌面整洁，习惯性地丢东西，这些都是多动症的典型特征。当然，这都是猜测，作者没有办法给出确凿的证据证实，这些只是他根据大量多动症患者的临床表现，然后对比这些名人传记中的描述得出的一种推论。

那你说，这个推论又不严谨，全凭猜想，它有意义吗？它真的有意义。

首先，假如我们把“多动症商业猎人假说”这个理论当作一个产品，它的用户是多动症患者，那它就是一个好产品，因为它能即刻扭转这类患者对自我的看法，让多动症患者达成一种共识，就是多动症并不是病，它是一种优质的猎人基因。你看，还有了优越感。这种共识不但可以让这类患者停止自我攻击，还能让他们接受自己的症状。

其次，这个推论的意义就在于，多动症患者能发挥核心竞争力的领域，不是规矩森严的大机构，而是需要开拓、需要创造的领域，比如进入商业世界，在瞬息万变的商业市场上寻找机会。你看，商业市场正好需要领导者时刻警惕市场的变化，快速地切换关注目标，并且在正确的时刻果断出击；商业世界正好需要领导者的冒险精神，找到新的机会，为公司带来新的增长点；商业世界还需要领导者拥有创造力，找到全新的解决问题的方法，解决用户的痛点。你看，是不是能充分地把多动症患者的优势全部发挥出来？总的来说就是一句话，一个多动症患者在现代就应该化身为商业猎人，去市场里捕获自己的猎物。

听完了上面对多动症的分析，不知道你想出点什么东西出来没有，一般我们如果发现一个人有明显的缺点，总是要使用各种手段让他改进：你不自律，我给你自律的方法；你拖延，我给你克服拖延的方法；你爱乱动，我给你安静下来的方法。这些本质上都是让一个人和他本来就不擅长的东西较劲，目标就是让他变成一个正常人。简单说就是，正常是有标准答案的，你不符合标准，那你就是有病，有病没关系，我有药。但是这个“多动症商业猎人假说”却为我们提供了一个新思路，你有病，没关系，这不是病，是一种天赋，它带来的缺点也不用改，你只需要把你最擅长的东西发挥出来，让它在适合的领域生长，守住自己的能力圈，也能获得很好的成绩。就像这本书的作者一样，他也有多动症，但是他创办的七家企业都成功出售了，事业非常成功。在当今这个分工越来越细、对异类越来越包容的社会里，没准是个更好的选择。至于这个假说本身是不是正确的、推论是不是严谨的，其实并不是最重要的，它只要能达成共识，能给有需要的人带去启发，带去信心，带去帮助，就是有意义的。

总结一下，这一部分我们详细介绍了作者的“多动症猎人假说”。对比多动症患者和远古猎人的相似性，他们都擅长不断地切换注意力，喜欢冒险，富有创造力。因此，作者建议多动症患者应该去商业市场发挥自己的最大优势。

第三部分。

我们分析完多动症患者的缺点和优点，明确了方向，那么接下来要解决的问题就是，具体要怎么做。下面我们进入第三部分，怎样利用好多动的特质开创新事业。

许多多动症患者天生就想开创自己的事业，但是往往不怎么成功，为什么？就像第一部分我们分析的，大多数时候这类患者会陷入各种各样的困难当中，比如，容易陷入沮丧，做事没有办法跟进，容易厌倦。这些问题作者本人也遇到过，但是他却取得了非常高的成就。那他是改掉了这些缺点吗？并没有，他只不过不再去关注缺点，而是让自己专注在自己擅长的方面。下面作者给出了几条建议，能帮多动症患者发挥出自己的优势，从而获得事业上的成功。

第一条，学会和别人合作。

在工作中，最影响多动症患者的因素之一，就是他们没有办法跟进自己的计划，他们的工作计划一团糟，脑子里能冒出无数个点子，能起无数个头，但大多数都没有结尾。针对这种情况，作者采访了很多公司中患有多动症的高层管理者，发现他们都有一个共同点，就是会依赖自己的秘书。很多成功人士会把选择合适的行政秘书列为最重要的决策之一。秘书的主要工作不是帮他们处理日常琐事，而是充当他们的大脑外挂，确保多动症患者能够把他们自己的想法贯彻落实，负责日程安排，应该打电话给谁，做什么，怎么做，都会及时提醒。你可能会觉得，这样长时间下去是不是会削弱他们的自理能力？其实这个因素对于这类患者来说可以忽略，他们的自理能力本来就弱，秘书帮助他们管理好商业生活，就和配偶帮他们打理好家庭生活一样，分工才能发挥出他们的优势。因此，多动症患者如果能学会和他人合作，那就可以解决很多难题。

第二条，明确自己的优势。

多动症患者比普通人更善于做创造性的事情，也就是说他们适合创业，并不善于守业，而创业和守业需要的是两种完全不同的能力。创业阶段，公司的一切都没有什么条理，规矩也不健全，这时候多动症患者的猎人特质正好可以发挥出先天的优势，他们凡事可以亲力亲为，不断做出新的尝试来扩展自己公司的规模，自如地应对混乱的环境。但是一旦公司走向正轨了，他们这种不断折腾的特性反而会导致公司没有办法正常经营，因为他们会随意插手别人的工作，不断开展新项目，忽视本来的核心业务，这么做其实只是单纯为了寻求刺激感，把珍贵的注意力和公司资源不断用在不确定的业务上，因此很容易失败。这类企业家最好了解自己的这种特性，在公司进入稳定发展期时，要么找寻合适的人帮助管理公司，要么直接把公司卖掉，重新开始新的业务。本书的作者给自己的定位就是创业者，把先后创办的七家公司都成功出售了，事业非常成功。

总结一下，这一部分我们说了多动症患者开创自己的事业时需要注意的事项，首先需要和他人合作，其次，明确自己的优势。

总结。

这本书就说到这里，我们整体总结一下。

第一部分，我们说了多动症患者的表现。多动症患者的注意力会被锁死在极度涣散或极度专注两种状态中，要么极度的涣散，要么极度的专注，很难达到中间状态，这让他们常常被别人误解，理解这一点可以帮助多动症患者减轻焦虑和痛苦。

第二部分，我们详细解释了“多动症商业猎人假说”。对比多动症患者和远古猎人的相似性，他们都擅长不断地切换注意力，喜欢冒险，富有创造力，正好现代的企业家也需要这些特性，因此作者建议多动症患者应该去商业市场发挥自己的最大优势。

第三部分，我们说了多动症患者开创自己的事业时需要注意的事项，首先需要和他人合作，找一个大脑外挂，帮助他们顺利完成自己的计划；其次，明确自己的优势，这类患者擅长创业，不擅长守业，因此要明白自己的特点，不要做阻碍公司发展的事情。

这篇稿子用了典型的三段论，在开头定义了多动症，在最后给出了解决方案，是比较完整的结构。当然，一篇优秀的说书稿也离不开主编的反复打磨，互联网产品要根据用户的需求来制作，并不是作者想说什么就说什么，一个人也许能写出几篇不错的稿子，但是一个团队才能源源不断地创作出优秀的内容。

如何写出一份好简历？

给自己的简历刷经验值

假如你是《水浒传》里面的一个英雄，现在被奸人陷害，无处可去，只能投靠梁山，这时候你要怎么办？要么找个熟人介绍，要么纳一份投名状。什么是投名状？你得证明自己的能力配得上“梁山好汉”的称号。

而你换工作的时候，简历就是你的“投名状”。写简历是工作中非常重要的环节，很多人觉得只要找到工作了，简历就不用更新了。其实并不是，一个优秀职场人的简历是需要一直更新的，或者说具有时常更新简历习惯的人，工作能力会更强。道理很简单，为了让简历更漂亮一些，他们要有意识地去给简历刷经验值，而这也是写一份漂亮简历的关键。

我记得以前看过一个求职的视频，里面有一个小伙儿就给自己刷了一个很厉害的经验值，他没事儿就出去坐北京的地铁公交，但是和一般人不一样的是，他边坐边绘制地图，最后把整个北京的地铁公交路线绘制成了一张图，非常详细，当场就有很多老板抢着签他。你说他做这个事情好像也没有什么意义，还挺无聊的，但是一般人都能感受到这不是一件容易的事儿，一个人能定义一个难题，想办法解决，还能忍受过程中的枯燥，最后还达成了一个结果，能靠自己的自觉完成这些，他当然就是个人才，而且一看就是个能解决问题的人才。

我平时会面试很多人，看很多简历，在看简历的时候就发现，很多人都没有掌握这种有意识地刷经验值的方法。他们的简历要么表现平平，没有任何亮点，要么就是还拿很早在学校做的一些不痛不痒的事情说事儿，即使学校的毕业证书很亮眼，但是这样的人在找工作的时候依然没有太强的竞争力。

写简历的两个原则

第一个，简历不是写出来的，而是干出来的。

万维钢举过一个例子，一个美国姑娘找工作，她的专业是国际关系学，有点冷门，那你想想，如果是你，你会怎么展现自己的能力呢？这姑娘想了一招，有一次她去印度尼西亚，学了一句当地的话，就一句，“请你给我讲讲珊瑚礁的情况”，然后她就找了很多人，对他们说同一句话，她边问边用摄像机拍摄下来，然后积累了足够的素材，回国后剪成了一个纪录片，拿这个片子去求职。人家一看，人才呀，会用语言杠杆把事儿做成，于是就单独设立了一个项目让她负责。

这也用到了刷经验值的技巧。你需要设定一个问题，然后凭自己的能力，把问题漂亮地解决好，至于这个问题到底是什么样的，有没有具体的意义，其实并不重要，重要的是你在做这件事的过程中展现出来的能力，这是所有公司都非常看重的。所以如果你的简历一片空白，那先别急着四处找工作，先选定一个目标职业，看看这个职业需要哪些能力，然后有意识地去刷经验值，把这个经历当作你的故事写在简历里，相信我，这会是一块比金光闪闪的毕业证要硬得多的敲门砖。有了这个东西，你就有了所有那些仅仅靠简历求职的人没有的独门武器。

第二个，简历要有意识地根据目标公司设计。

很多人在找工作的时候迷信概率论，他们采用“海投”策略，广撒网，多捕鱼，撒得越多，捕得越多，谁回复我，我就跟谁走。这是一种很不好的思维方式，工作选错了，蹉跎的可是几年的时光。我认为找工作应该采取追女朋友般的策略，咬定青山不放松，非你不娶，所有的简历都要围绕目标岗位来设计，让目标公司在看到你的简历时，就会惊呼，这就是我要找的人。

为什么要根据不同的公司设计不同的简历呢？很简单，如果不这么做，多半特别积极回复你的，都不是什么好工作，好的工作岗位一般都轮不上社招，通常都是通过内部选定和提拔补充的，实在找不到合适的，再去社会上招聘。所以如果你不主动选择，不主动争取，那留给你的可能都是一些没有前途又很无聊的工作。

所以在设计简历之前，你要通过大量的调研来想清楚一件事儿，你想做什么职业？哪一家公司需要这个职业的人才？这个公司目前发展得怎么样？它有没有招聘的需求？如果有，这个岗位需要哪些能力？我做什么事情可以刷到相关经验值？有没有认识的人可以帮我了解到这些信息？

等你把这些问题想清楚了，然后找到一定的关系，去把公司内内外外了解个清楚，做到心中有数，胸有成竹，你甚至可以绕过人力资源部，去创造机会直接和公司领导谈，这样你被录取的概率会大很多。

有了上面两个原则，你应该不会像无头苍蝇那样乱打乱撞了，你心中有了明确的目标，你还知道达成这个目标要怎么做，那剩下的就是充实自己，把它展现出来。

写出好简历的两个方法

第一，用 STAR 法则，把你的经历呈现出来。

一个常用的好方法，是通过 STAR 法则梳理自己的关键事件。所谓 STAR 法则，就是四个英文词——背景（situation）、任务（target）、行动（action）、结果（result）——的首字母缩写。把你辛辛苦苦刷的经验值，通过这四个维度呈现出来，会让你的简历既清晰，又抓人眼球。

举一个我自己的例子，我当初刚去北京工作的时候，也是有意识地给自己刷了一个经验值。那时候我想去北京找一份编导的工作，于是自学了很多影视制作方面的技能，还在网站上设计了一个网络节目，获得了一些点击量。尽管那时候我对如何变现等商业流程并不熟悉，但是我展现出了一个优秀编导核心的能力——设计一档视频节目。我知道这档节目也许不能大火，但是至少是一般公司梦寐以求的成果。果然，当我去找工作时，面试中的全部问题都是围绕如何设计这档节目来展开的，公司对我的毕业证，之前的工作经历问都没有问，直接录用了我，因为他们太想要一个像我这样的人才了。

背景、任务、行动、结果，简单说就是你为什么要做这件事儿？你的目标是什么？你采取了哪些行动？你最终达到了什么结果？这四个元素里面，结果最重要，很多人在表述自己经历的时候，喜欢给公司“画饼”，我多么多么努力，多么多么上进，我会达到怎样的高度。可是说到结果，要么没有结果，要么把事情搞砸，这就会给人留下不能成事的印象。你做事有结果，说明你有价值和公司交换，这才是公司录用你的根本原因。

第二，保持一种持续向上的态势。

人往高处走，一个可靠的年轻人一定是一路往上的，尽管真实的情况可能是跌跌撞撞，但是从职业生涯的整体来看，大多数人都是越混越好，而不是越混越惨。有一句话是这么说的，别人看你的职业生涯都是波峰连成的线，只有你自己知道，其实大多数时候你都处在波谷。谁的职业生涯都不可能一帆风顺，这很正常，但是在呈现的时候，你就要呈现出一条由波峰连成的向上的线，如果你深谋远虑，有一个十年甚至一生的职业规划，而这个规划恰好与公司的目标愿景相匹配，那公司领导一定会非常珍惜你这个人才。

这个道理和投资人给创业公司估值相似，如果你的公司在加速地成长，那估值一定不差，而如果一路下跌，那谁也不敢出手。所以你需要挑出每一段工作经历中的亮点，按照 STAR 法则清晰地表述出来，同时在最后一段工作经历中把你针对这个职位精心刷出来的经验值加上，那就是一份完美的简历了。

阿里巴巴战略顾问曾鸣曾说，未来公司里面有两种人：一种是可有可无的人，随便在市场上就可以招到，可以替换；还有一种是合伙人，他的能力是公司不可或缺的。

未来是剧烈变动的时代，公司的寿命大大缩短了，而人的价值被无限放大，最聪明的人会有意识地通过工作经历设计自己的简历，不仅是在找工作之前，在工作中也会通过创作业绩亮点来为简历增添色彩。最后你会发现，设计简历，就是设计自己的职业生涯。

如何写出一篇短视频文案？

做短视频什么最难？以前是拍摄难，你得有昂贵的拍摄设备，精通剪辑软件，没有一年半载入不了门。但是现在拍摄成了最简单的事儿，用个手机都能搞定，什么变难了？文案变得更难了。短视频的文案几乎就是灵魂，不管你要拍摄的是段子，还是知识类、情感类或是其他类型的短视频，好的脚本都是引发传播和互动的关键因素。我自己做过很多年的视频工作，在短视频领域也写出过几千万次播放量的文案，下面就切入正题，说说我对短视频文案的思考。

短视频文案要根据自己的商业模式来写

估计你会奇怪，不是讲如何写文案，怎么讲到商业模式了，这是因为在动笔写文案之前，首先要搞清楚你的目的是什么。大的方向确定了，文案就是细枝末节的事情了。除了那些纯粹为了自娱自乐的，大多数人做短视频都是为了变现，否则这个事情就做不长。既然是变现，就要涉及商业模式。一个有商业模式的账号要比没有商业模式的账号值钱得多。短视频账号不一定是粉丝越多越有价值，上千万粉丝的账号，如果流量不精准，那价值还不如一个拥有十几万粉丝的账号。拥有几百万粉丝的账号如果没有找到自己的商业模式，不会卖货，那他的商业价值很可能还不如一个只有十几万粉丝，但可以精准带货的账号。所以在你动笔之前，要想清楚你要卖什么，卖给什么人，凭什么是你卖，用户为什么信任你，把这些问题都想清楚了，你的文案就要全部围绕你的目标来设计，而不是东一榔头西一棒槌的，什么流行就跟风做什么。

形象一点说，你可以把短视频当作街边门面的招牌，吸引顾客过来看，比如，麦当劳门口的冰激凌店面，在门外就能下单，这就是短视频的作用：引流、卖货。但是如果你想要更多的成交量，就要靠直播来完成，别人通过短视频进到你的店里面了，你总要给人家介绍一下，这样面对面的交流，就是直播的过程。既然要做直播，那你就得考虑自己是不是真的有资格卖这些货，这就是很多营造虚假人设的人带不了货的原因，这些账号除了能接一点点广告之外，没有其他价值。做短视频文案，就要围绕你的商业模式、你的货、你的人设来展开，全方位地为你塑造专业有趣的形象。

短视频文案可以借助已有文案的爆款基因

既然要做短视频文案，爆款肯定是要追求的目标。在互联网上做生意，离不开产品流量转化率，一个爆款视频就有可能带活一个账号，不过爆款视频是可遇不可求的，你心心念念地想让每个视频都成超级大爆款，结果往往大失所望。所以放平心态，把爆款视频当作一个一个的台阶，遇见了，你就上了一个台阶，你的粉丝量就能噌噌地增长，那是运气好。如果遇不见，你就追求播放量平平的视频，把好质量关，这是能把控、能追求的事情。不过话说回来，爆款也总有规律可循，有没有什么办法能增加爆款视频的出现概率？有，借助已有的爆款基因。什么叫借助已有的爆款基因？就是去转写传播量超过 10 万的公众号文案，或是其他热点，这些文案既然能传播，说明它们是自带爆款基因的，其中一定有某个点击中了用户，产生了传播行为。做短视频，你就可以走一个捷径，把这些爆款基因提取出来，放在你的短视频文案里，那你的视频出现爆款的概率就会大大增加。

举一个例子，我以前写过一个文案叫“年薪百万有多难”，借助的就是一条在知乎上已经点赞量很高的留言，后来这条留言被改写成了很多公众号文章，传播量很大。这就说明这篇文章自带爆款基因。来看看我改写的视频文案：

“月薪一万，上街要饭，年薪百万，刚刚脱贫”，如果你也被这些标题党击中过，先别怀疑自己是不是拖了祖国的后腿，我告诉你一些真实的数字。2018 年中国居民人均年收入是 28 228 元，均摊下来，每个月不到 2 400 元。个税起征点从每月 3 500 元调到了5 000元之后，缴税的人数从 1.87 亿降到了 6 400 万。换句话说，如果你月入 5 000 元就已经超过了 95% 的人。年入百万有多难呢？1 万个中国人里只有 5 个人。看城市，北上广深收入高，人均年收入也有 6 万多元，年入百万，需要税前 150 万元，是平均水平的 25 倍。在遍地高薪的深圳，税前年收入 30 万元，就超过了 95% 以上的人。看行业，互联网赚钱吧，那我们看看腾讯，人均年薪 80 万元很高吧，实际上，总裁刘炽平一个人就拿了 3 亿多元，除去少数高管，员工平均年薪不到 30 万元。看学历，顶级公司高薪岗位最起码要“985”本科，可国人拥有本科以上学历的不超过5%，每年高考，能进入“985”学校的考生不到2%。毕业就能高薪吗？也不是，清华大学应届毕业生当年的平均月薪只有9 065元，毕业5年后的平均月薪是14 918元，年入不到18万元。事实上，年入百万不光在中国，在欧美也算有钱人了，网上这么多百万年薪哪来的呢？大部分是炒作包装出来的，有一部分是真的，但这需要家庭背景、个人努力、行业机遇、个人天赋等一系列条件共同加持，因为稀少，才有人愿意说，说的人多了，你就以为真是这样，这叫幸存者偏差。成功的被选择性地看见，失败的都选择沉默。说这么多，不是让你认命，而是要在认清生活的真相后，依然能朝着高收入去奋斗，而不是被别人的故事捆绑和收割。

这个文案击中的是大众焦虑的情绪，很多人看到这个文案后，在留言区都是长呼一口气，原来自己被骗了这么多年，原来自己的焦虑都是被制造出来的，其实我挺好。你看，这样的情绪很多人都有，只是你通过文案捕捉到了，帮他们表达出来了而已，这样的文案就是典型的爆款。如果这些爆款文案的基因和你的人设定位恰好相符，那就不要错过，这样的好东西一定要用起来。

短视频文案要学会炼字

什么叫炼字？就是逐字逐句地推敲，和写诗的过程有点像。“推敲”的典故你肯定听过，到底是“僧推月下门”好还是“僧敲月下门”好，作者纠结了半天，这本来是文人咬文嚼字的事情，但是对短视频文案，你就得这么做。短视频文案与长文章不同，由于时间有限，篇幅有限，你没有办法通过长逻辑来说服别人，只能通过一定的文字巧妙地把你的想法表达出来，信息量大，而且其中不乏机巧，不能说它比长篇文章更难，但它也是具有自己特色的，你可以把它理解成一种新的文体。

通常一篇吸引人的短视频文案都遵循三段论：开头、中间、结尾。其中最重要的就是开头和中间部分。

开头就一句话，利用用户的好奇心、刺激点和用户的关系来产生吸引力，这就是我们通常所说的爆点前置，否则你可能还没说到有趣的地方，别人就走了。这和我们做演讲是一个道理，开头要吸引人，但是短视频文案要把这一点做到极致。

中间说详细。你可以分享故事、分享干货、分享心得，但是要有细节，要有画面感，要做到让用户光听声音就能在脑海中构建出画面。为什么短视频文案如此强调画面感呢？这和用户的使用场景有关，一般用户在浏览短视频的时候，大脑都是处在无意识的状态，意志力并不强，所以要调动逻辑推理能力就比较难。除非你想专门走强逻辑这个路线，否则你就要照顾到用户的这种状态，让他们在轻松愉快的过程中听进去你的话，产生信任感。要产生这样的效果，推敲好文案就显得尤为重要。用简单直白，又不失水平的话，精准地捕捉到情绪和画面，这个目标得下一定的功夫才能达到。

短视频是理解门槛最低的媒介，我认为每一个人都应该坚持去做，坚持去记录，也许不为别的，就为以后可以看看当年的所思所想，这也是一件很值得的事情。我也在用短视频记录自己的创作过程，分享每日的心得，我可以负责任地说，这真是一件很容易上瘾的事情。

后记

有一位诗人说，我每写出一首诗，就被那首诗一脚踢出门，甚至对这首诗是不是我写的都产生怀疑。我一直相信好的书有自己的生命力，有自己的旅程，它的使命就是给别人带来启发。就像王阳明在龙场悟道一样，龙场还是那个龙场，在别人眼里它就是一个穷乡僻壤之地，可是在有心的王阳明眼里，它就是促使自己思想升华的点化剂。书也是一样的，写者无心，读者有意，如果这本书能让你有所收获，有所感悟，甚至说有所改变和行动，那完全是你自己的功劳。

这本书里有大量的理论都是我从各个领域的牛人那里“借”来的，如果说有一点自己的观念，那一星半点的贡献也都是站在前人的肩膀上获得的。我作为一个资料的整理者和转述者，给自己定的使命是花最大的心力，用最认真的态度，把一个领域最好的东西呈现给读者。当遇到问题时，你能想起到张凯这里来找找答案，看看他有没有给你拿出点好东西，这就够了。

我并非原创型作者，那些顶破知识天花板的工作，要交给更加专业的人来做。好在我的眼光还算犀利，能清楚地辨认出什么是好东西，什么是不好的东西，有自己独特的品位。呈现在本书中的观点，都是我千挑万选出来的。信息要经过有结构的整理才会变成知识，知识分散在各地，藏在深海之中，我愿意做那个信息的守门人，只挑这个时代最好的思想呈现给读者。

本书并非严肃的学术著作，我自认为才华有限，书中有大量的文字没有办法比原作者表述得更好，所以就直接引用，绝无把他人观点和思想占为己有的想法。为了给读者更加顺畅的阅读体验，我省去了夹杂在文中的烦琐注释，实际上，我时常为引述别人的精彩语句又没有标注清楚出处而感到慌张，所以把参考资料集中放在了本书的最后，如果你是有心人，可以循着资料进行拓展阅读，如果后续的参考资料中疏漏了某些牛人的观点，责任全部在我，失礼之处，望各位君子包涵。

同时一本书也不是靠一个人的力量就可以完成的，有很多人参与其中做出了巨大的贡献，在此我特别感谢我的家人，他们给了我优渥的创作环境，替我挡去世俗的烦心杂事，让我能专心于治学，他们是这本书的共创者。同时要感谢中信出版社的副总编辑朱虹老师，有了她这本书才得以出版，她给了我巨大的信心，也在定位和修改方面做出了巨大的贡献。还要感谢编辑寇艺明老师，是她不厌其烦的指导让这本书能更好地呈现给大家。感谢万维钢老师，他的鼓励让我树立起了职业作家的荣誉感，让我更有勇气迎接挑战。感谢罗振宇老师，他有对好内容的品位和对工作的认真态度，一直是我的精神榜样。还要感谢我的前领导曾捷老师，是他挖掘出了我的表达才能，引我上路，人生大事问曾捷，曾捷老师在我心里永远是最帅的。还要感谢薛蛮子老师，薛老积极乐观的生活态度和坚持不懈的奋斗精神，帮我开阔了眼界，让我能够从狭隘的自我中跳出来，更好地与外界协作。最后还要感谢王涵雅老师，是她的鼓励让这本书顺利完成。挂一漏万，不忘初心，唯有写出更好的作品，才能承蒙厚爱。

张　凯

参考文献

[1]（美）斯蒂芬·金. 写作这回事——创作生涯回忆录[M]. 张坤，译. 上海：上海译文出版社，2009.

[2] 李敖. 新下蚕室条例. “这一个”公众号.

[3] 何帆. 何帆的读书俱乐部. “得到”App。

[4] 和菜头. 槽边往事[M]. 北京：中信出版社，2015.

[5]（美）芭芭拉·明托. 金字塔原理[M]. 汪洱，高愉，译. 海口：南海出版社，2010.

[6] 王烁. 大学·问. “得到”App.

[7] 梁宁. 一个人的精神结构和他的精神资源. “闲花照水录”公众号.

[8] 李笑来. 把时间当作朋友[M]. 北京：电子工业出版社，2013.

[9]（美）苏珊·凯恩．内向性格的竞争力[M]．高洁，译．北京：中信出版社，2016.

[10]（美）罗伊·鲍迈斯特，（澳）约翰·蒂尔尼．意志力[M]．丁丹，译．北京：中信出版社，2017.

[11] 施展．枢纽[M]．桂林：广西师范大学出版社，2018.

[12]（美）沃尔特·艾萨克森·乔布斯传[M]．管延圻，魏群，译．北京：中信出版社，2014.

[13]（美）阿什利·万斯．硅谷钢铁侠[M]．周恒星，译．北京：中信出版社，2016.

[14]（日）玲木敏夫．吉卜力的伙伴们[M]．黄文娟，译．北京：中信出版社，2018.

[15]（俄）格拉宁．奇特的一生[M]．侯焕闳，唐其慈，译．北京：北京联合出版公司，2016.

[16]（美）欧文·斯通．痛苦与狂喜：向石而生[M]．张晓意，武建博，译．南京：南京大学出版社，2016.

[17] 王国维．人间词话[M]．北京：人民文学出版社，2018.

[18] 季羡林．此心安处是吾乡[M]．重庆：重庆出版社，2015.

[19]（美）乔利·詹森．高效写作：突破你的心理障碍[M]．姜昊骞，译．上海：上海社会科学院出版社，2020.

[20]（美）玛丽－凯特·麦基．写作提高一点点[M]．任烨，译．北京：中信出版社，2018.

[21] 何帆．若有所失[M]．杭州：浙江大学出版社，2014.

[22] 罗振宇．罗辑思维：我懂你的知识焦虑[M]．北京：中国友谊出版公司，2017.

[23]（英）乔治·奥威尔．我为什么要写作[M]．董乐山，译．上海：上海译文出版社，2011.

[24] 万维钢．你有你的计划，世界另有计划[M]．北京：电子工业出版社，2019.

[25]（美）凯文·凯利．必然[M]．周峰，董理，金阳，译．北京：电子工业出版社，2016.

[26]（美）彼得·迈尔斯，（美）尚恩·尼克斯．高效演讲：斯坦福最受欢迎的沟通课[M]．马林梅，译．长春：吉林出版集团，2013.

[27]（美）杰克·赫弗伦．作家创意手册：创意写作书系[M]．雷勇，谢彩，译．北京：中国人民大学出版社，2015.

[28]（美）史蒂芬·科特勒，（美）杰米·威尔．盗火[M]．张慧玉，徐开，陈英祁，译．北京：中信出版社，2018.

[29]（美）吉姆·柯明斯．蜥蜴脑法则[M]．刘海静，译．北京：

九州出版社，2016.

[30] （美）戴维·布鲁克斯．第二座山[M]．刘军，译．北京：中信出版社，2020.

[31] 黄桂元．阅读是最好的独处[M]．北京：北京时代华文书局，2020.

[32] 杜君立．现代的历程[M]．上海：上海三联书店，2016.

[33] （美）克莉·梅杰斯．写作是什么：给爱写作的你[M]．代智敏，译．北京：中国人民大学出版社，2015.

[34] （法）斯坦尼斯拉斯·迪昂．脑与阅读[M]．杭州：浙江教育出版社，2018.

[35] 顾衡．顾衡私家好书榜．“得到”App。

[36] （美）劳拉·布朗．完全写作指南：从投笔就怕到什么都能写[M]．袁婧，后浪，译．南昌：江西人民出版社，2017.

[37] （美）乔治·莱考夫，（美）马克·约翰逊．我们赖以生存的隐喻[M]．何文忠，译．杭州：浙江大学出版社，2015.

[38] （美）蒂姆·费里斯．巨人的工具[M]．杨清波，译．北京：中信出版社，2018.

[39] （美）安东尼·韦斯顿．论证是一门学问：如何有理有据地说服别人[M]．姜昊骞，译．成都：天地出版社，2019.

[40]（美）简·博克，（美）莱诺拉·袁．拖延心理学：向与生俱来的行为顽症宣战[M]．蒋永强，陆正芳，译．北京：中国人民大学出版社，2009.

[41]（美）吉姆·洛尔，（美）托尼·施瓦茨．精力管理[M]．高向文，译．北京：中国青年出版社，2015.

[42] 胡适．人生有什么意义[M]．南京：江苏凤凰文艺出版社，2018.

[43]（美）丹尼尔·L. 埃弗里特．语言的诞生：人类最伟大发明的故事[M]．何文忠，樊子瑶，桂世豪，译．北京：中信出版社，2020.

[44]（美）莫提默·J. 艾德勒，（美）查尔斯·范多伦．如何阅读一本书[M]．郝明义，朱衣，译．上海：商务印书馆，2004.

[45]（以）康纳曼．快思慢想[M]．洪蘭，译．台北：天下文化，2018.

[46]（美）约瑟夫·坎贝尔．千面英雄[M]．朱侃如，译．北京：金城出版社，2012.

[47] 费孝通．江村经济[M]．北京：商务印书馆，2001.

[48]（法）埃米尔·迪尔凯姆．自杀论[M]．冯韵文，译．北京：北京出版社，2012.